U0036834

聖嚴法師

心的經典

心經新釋

自序

我在臺北及紐約兩地，已於不同的場合，先後講過四次《心經》，講出的方式也不一樣。最初於農禪寺講出，它的錄音帶不久就以有聲書型態流通。

本書：

（一）《心經》禪解——講於紐約東初禪寺，聽眾人數較少，程度卻相當平均，所以比較著重於佛學思想及禪觀，同時也對經文逐句的解釋，必要時也徵引了諸大、小乘經論，便利於新學者的禪修練習，也可做為演講《心經》的參考。

（二）《心經》講記——講於農禪寺，除了依照傳統講經方式，以序分、正宗分、流通分而逐句解說，並依經文標示出佛教的宇宙觀、人類觀、人的三世因果觀、菩薩及佛的境界；層次分明，內容也相當紮實，有助於學人做義理的探究。

（三）《心經》實踐——講於臺北國父紀念館，一連三晚，每場都有三、四千位聽眾，所以講得比較通俗而更生活化些，有利於日常生活中應用。

《心經》是三藏聖典中流傳最廣，被人持誦講解最多的一部大乘經典，雖僅二百六十個漢字，涵義豐富，譯筆精簡流暢而優美。其內容既淺又深，以基本原始的佛法為底子，以大乘空義的佛法為靈魂，真是遇淺即淺、逢深則深的好經。可以把它當作正知正見的佛法概論來持誦、來閱讀、來研究。

《心經》的漢譯工作，先後共有十一次，現被收集於《大正藏》第八冊的即有八種。另外在《摩訶般若波羅蜜經》卷一、《大般若經》卷四及四〇三，均有與《心經》內容大致相同的經文。譯筆最流暢簡潔的是玄奘大師，古來僧俗大德們讀誦講解的，也就是玄奘大師手譯的《心經》，我也不能例外。

為了便利初學者的運用查考，輯成本書之後特別將諸種異譯本，蒐集了加上新式標點，附於本書之末。其中有的譯本文字內容略有不順，但是對照各種異譯，能使我們對於《心經》內容的理解，等於多配了幾副開拓視野的眼鏡。

最後要向為本書整理錄音成為文稿，以及替我抄寫清稿和校對出版的諸位僧俗弟子致謝。

一九九五年十二月七日聖嚴序於紐約

目錄

第三篇 《心經》實踐

第四篇 《心經》異譯

第一篇 《心經》禪解

一、前言

《心經》，通稱為《般若心經》，乃是整個大乘佛教的心要，也是大乘佛法中般若思想的中心，它也是《般若經》的中心。

據印順法師〈般若波羅蜜多心經講記〉說：「在六百卷的《般若經》裡，在〈學觀品〉有與本經幾乎完全相同的文句，不但不是觀自在菩薩所說，而是佛直接向舍利子所說的。」據先師東初老人的《般若心經思想史》說，在《大般若經》的第二會第二分〈觀照品〉第三之二，以及其異譯《大品般若經》的〈習應品〉第三的一段，頗與《心經》類似。

《心經》的七種漢譯本：

（一）《摩訶般若波羅蜜大明咒經》姚秦·鳩摩羅什譯

（二）《般若波羅蜜多心經》唐．玄奘譯
（三）《普遍智藏般若波羅蜜多心經》唐．摩竭提三藏法月譯
（四）《般若波羅蜜多心經》唐．般若共利言等譯
（五）《般若波羅蜜多心經》唐．智慧輪譯
（六）《佛說聖佛母般若波羅蜜多心經》宋．施護譯
（七）《般若波羅蜜多心經》（敦煌石室本）唐．法成譯

以上七譯，現均蒐集於《大正新脩大藏經》第八冊。一般流行讀誦的是第二種玄奘所譯本，最簡明扼要，共二百六十字。《心經》的註釋書極多，在《卍續藏》所收者，達五十七種，現代的許多僧俗大德，也幾乎人人都能講《心經》，在《大正藏》第八冊中，也收有玄奘三藏親自教授的梵文《心經》的音譯。

《心經》是《大般若經》中的一小段，《大般若經》譯成中文的部分雖然和《心經》很像，但並不完全一樣。目前我們持誦的《心經》最後一段的咒，在《大般若經》中就沒有。

《心經》是通攝大、小三乘法的總綱，可以當作佛法概論來看。

佛經中教授修行的方法有三：1. 持戒，2. 修定，3. 修慧。持戒與修定須以般若

智慧來指導。如果沒有智慧的指導，持戒就如同一般的好人、善人，不一定是學佛的人；而且修定的工夫和力量，也跟一般外道的修行沒有兩樣。行菩薩道的人沒有智慧，就不是菩薩，凡夫和菩薩之所以不同，就是在於智慧的有無。

佛法的精粹在於智慧，離開智慧講佛法，只是世間的知識和學問。釋迦牟尼佛成佛之後所說的法，都是由智慧產生的，而說法的目的，是希望聽聞佛法的人，能經由他所傳的修行方法得到智慧，只有得到智慧後，才能得到真正的解脫與自在。所以佛法是從智慧產生，同時也能幫助人產生智慧，達到開悟的境界。因此《心經》就是智慧的經典。

以理解的態度和方法看佛經，得到的只是知識，不是無漏的智慧。研究佛經的學者及專家，可以把佛經講解得十分詳盡，但自己本身並不一定能夠從中得到無我無相的智慧。只有以體驗的態度來看佛經，無著的智慧才會自然地成長。

中國的禪宗以及後來傳入日本、韓國的禪宗，特別重視智慧，因此十分重視《心經》及《金剛經》。由於《金剛經》比較長，不易時時誦念；《心經》經文簡短，所以在中國、日本、韓國的叢林及修行道場，每日都會在不同的場合持誦。《心經》是禪修者的修行指導經典之一，不僅是用來理解的，因此我參以禪修的角度來為東初禪寺禪坐會的大眾解釋《心經》。

二、智慧度苦厄

般若波羅蜜多心經

「般若」梵文 prajñā 的意思是智慧，《六祖壇經》中說「即定即慧」。定是慧的體，慧是定的用。也就是說：有定的時候一定有慧；有慧的時候一定有定，定是智慧的基礎，智慧是定的作用。定、慧同時產生，是禪宗的立場及觀點，定、慧產生以後，戒已在其中了；真正出現清淨智慧的人，也就是得道的人，一定不會犯戒的。

波羅蜜多是出離、超越、解脫的意思，就是離開煩惱和苦，也就是超越煩惱和苦。整句來說就是：有智慧就能從煩惱及苦的此岸，到達沒有煩惱、永遠快樂、自由自在的彼岸。

大乘佛教中的六波羅蜜是：布施、持戒、忍辱、精進、禪定、智慧，是以前五種的修行達到第六種智慧的目的。六波羅蜜又稱六度,「度」是超越苦及煩惱的意思。以佛的智慧做為修行的指導原則,才能超越苦及煩惱,達到解脫的目的。《般若波羅蜜多心經》,就是以簡短的經文,教導我們般若的重要性及其產生的方法和道理,所以稱之為《心經》。

觀自在菩薩

菩薩

菩薩是發了菩提心,以慈悲廣度眾生的人。菩薩不自私、不為自己考慮;廣度眾生是為了成就佛道,並且感謝眾生而不求回報;鼓勵眾生努力行善,自己也參與其中,才是真正的菩薩。

一個禪的修行者必須先發菩提心,修行是為了使眾生得到利益。這最初、最早所發的菩提心,叫作初發心,發了此心,就希望永不退轉,一旦有了退心,也要再回到初發心。如果一個修行人沒有發菩提心,修行不會得力,容易著魔,對其身心都有損害。所以在修行的過程中，我們強調要放下自己的自私心、追求心、逃避心，以及期待心，才會真正得到修道的利益。

菩薩要斷煩惱，增長智慧，不能僅靠打坐，要努力廣度眾生，智慧的增長才踏實。僅靠打坐，僅以禪定的力量產生的智慧，在遇到複雜的人際關係時，便產生不了應對的力量。唯有以實際的磨鍊，面對各種善惡不同、形形色色的眾生，所得到的智慧才踏實而因應有方，這才是菩薩的智慧。所以菩薩於六波羅蜜中特別重視精進和智慧，精進才能斷自己的煩惱，產生了智慧，才能廣度眾生。

精進波羅蜜是以自利利他、廣度眾生為第一，精進度眾生的方法有四：1.已造的惡業趕快斷，2.未造的惡業永不造，3.未生的善業趕快生，4.已生的善業要增長。前兩點是使眾生離苦，因為造惡業會得苦果，後兩點是使眾生得福報及安樂。這四個方法加起來就是「慈悲」；悲心使眾生離苦，慈心使眾生快樂。悲能拔苦，慈能與樂，就是慈悲，沒有慈悲心不能稱之為菩薩。

自在

自在是不受影響，不考慮自己的得失、利害。

以菩提心修行，以慈悲心廣度眾生，就是自在。一個能自在的人一定有真正的智慧，如此才能到達解脫的彼岸。

許多人希望得到自在、得到解脫後再廣度眾生，這是不太正確的；只考慮自己本身的利益，反而不能得自在、解脫。唯有放下自身利益的考量，以慈悲心廣度眾生，才能得真正的自在解脫。

菩薩或大乘的修行人，做任何事都要乾淨俐落，不要拖泥帶水。受施時就坦然接受，以廣度眾生為回報。布施時就慨然布施，不求回報。不考慮自己的利益、損失，只是勇往直前地去做對眾生有益的事，如此就能得到自在的利益。

觀自在

觀世音菩薩的梵文 Avalokiteśvara，翻譯成中文叫觀世音或觀音。觀自在就是把觀音的法門修行成功了的功能。觀音菩薩先是以耳根聽外來的聲音；再向內聽，聽無聲之聲，達到六根互用、六根清淨，對其境界不產生執著，所以叫作觀自在。

任何修行的方法都叫觀，有對外觀及對內觀，也可直接觀空、觀無。此處的「行深般若波羅蜜多」是觀空、觀無、觀不動性。觀是要通過六根用心來觀。譬如，觀呼吸是我們的身體在呼吸，但是要用我們的心來觀；做不淨觀，觀的對象是皮囊身體，但還是要用心來觀。所以雖然是以六根加六塵做為觀的對象，但實際上一定是用六識的心在觀。也有用心觀心，像貓捉老鼠的修行方法，看看自己的妄念而不用六根六塵。沒有身體的人是無法修行的，在三界之內的眾生，只有人可以修行，雖有部分神道、天道、鬼道、畜生道的眾生能聽法，也能接受佛法，但因為六根不具足，力量用不上，所以不能修行，故說「人身難得」，應要好好珍惜。

修觀一定要用六識、六根、六塵。就是參禪、參公案、參話頭，也要用到六根。大菩薩沒有一定的身體，卻由於處處都是他的身體，也無一物是他的身體，所以能夠觀自在。

觀自在的意思有二：一是對自己已度一切苦厄，已經修行成功了；二是無處在無處不在，無處不能顧到眾生。《心經》中所講的觀自在是第一種意思。

行深般若波羅蜜多時

深般若

般若的本身就是智慧、清淨、遠離、明等的意思。初得無生法忍、初證無漏智慧的菩薩，已有般若，已能超越生死海，拔除惑、智二障，這與世間哲學家所謂的智慧並不相同，故將菩薩的智慧叫深般若。哲學思想的世俗思辨是俗諦，不生不滅的第一義諦，即是深般若的勝義諦。

《般若經》中弟子問佛，般若的「深奧」是什麼意思？般若就是空，就是無相、無願、不生不滅。

「空」——由因緣所生的一切法，一定是畢竟空，從因緣觀來看，一切現象都是空的。因緣生，因緣滅；此生故彼生，此滅故彼滅。生起時是暫時的現象，在生起的當時就在轉變，而終歸於空無。從有到無，從無到有，本身就是假的，所以是空。空的意思就是假的，假的原因是因緣，而一切法皆是由因緣而生。從修行因緣觀所得到的結果就是空。

「無相」——《金剛經》及《六祖壇經》都提到無相。相是指心相及物相，這兩種現象都是由於人在執著、分別。執著就是有相，就會不自在，不執著就是無相，就是自在。《金剛經》及《六祖壇經》中都說無相，是雖然什麼都有，但不執著，就是無相。

「無願」——菩薩發願成佛，發願度眾生，發這無上菩提心就是「願」。一切佛之所以能成佛，一定是先發願。我們因為是凡夫，所以每日念〈四弘誓願〉及〈普賢菩薩十大願〉。得到了深般若就不用念了，因為動者恆動，靜者恆靜，不用發願，恆在願中行其本願。到了無願的境界才真正的自在；有願時，時時在念著要度眾生，已經度了眾生，心中還有自我存在。得神通的人能通行無阻，好似自在，但這是相對的自在，不是絕對的自在，只有已行深般若的菩薩，才得絕對的自在，沒有要度的眾生及有眾生可度的念頭。有願時自我還在，不管是客觀的、主觀的、自利的、利他的，只要有眾生可度，「我」一定是相對存在的。

自在的人，不等於不存在，諸佛菩薩不執著，得自在，雖然無願，但是有智慧，當智慧對自己發生作用時，就是得自在解脫的因；當智慧對眾生有幫助時，就變成幫助眾生得自在的力量。

凡夫觀空並不等於親證空性。小乘阿羅漢證空性，但僅空「人我」，而未空「法我」，能證人、法二空，一定是大乘菩薩所見的不生不滅。

行

行就是用的意思，菩薩能成為菩薩，是因為有智慧，當智慧產生作用時就是行。

波羅蜜多

「波羅蜜多」的梵文是pāramitā，意思是度、到彼岸、度無極、事究竟、超越。

一個能自在的人，一定是有真正的般若，也就是智慧，如此才能達到自在、解脫的彼岸，就是度脫、就是超越、就是波羅蜜多的意思。

照見五蘊皆空

智慧不產生作用時，菩薩和眾生是一樣的；智慧產生作用時，對菩薩自己來講是斷除一切煩惱，對眾生來講是菩薩普度一切眾生。

智慧的產生分成四個層次：聞、思、修、證。首先要聽聞佛法及修行的方法，以正知正見做為指導，確實修行才能證得五蘊皆空，產生智慧。

聞、思、修、證，也可以說成聞、修、思、證。思是修的一部分，思是指修觀行，是思惟的意思，不是思想的思。修行有散心修與專心修，專心修才叫作思惟。有修才能證，《楞嚴經》上認為思辨可以產生智慧。在印度及西藏佛教有一派學者就是主張以辯論的方法產生智慧，不一定要修禪定。我是以禪修的觀點來解釋聞、思、修、證。是以藏傳佛教的《菩提道次第廣論》及南傳佛教《清淨道論》為依據。

菩薩是以聞、思、修而證得五蘊皆空的境界，一切智顯現而得解脫；以根本智產生的力量，以無量法門幫助眾生，使眾生得解脫，這是道種智的功能；能盡知諸法自度度他，是一切種智。

五蘊

五蘊中的色，是物質的；受、想、行、識，是精神的。五蘊是構成我們世間每一個人的必要因素。

色——就是地、水、火、風，總稱四大。包括我們物質的身體及身體所處的環境。

受——感受的意思。

想——判斷。

行——判斷後如何處理。

由於受、想、行這三個心理活動，能推動我們的身體行為及言語行為。

識——以「受」、「想」、「行」的心理活動，操作物質的「色」身，以物質的「色」身和「受」、「想」、「行」的心理作用合一，就產生了第五蘊的「識」。

如果沒有識蘊只有前面四個蘊，就成了唯物論，識蘊是生命的主體，從過去生到這一生，從這一生到來生，都是靠它。而前四蘊的活動所產生的業力的結果就是識蘊。它是「去後來先做主翁」，投生時它先來，死亡時它最後走，然後到另外一生去投生，也是它先到。至於植物人病患，他的色蘊及識蘊還在，只是喪失了受、想、行三蘊的功能。

大乘的菩薩、小乘的阿羅漢、一般的凡夫，各以不同的層次看五蘊。

（一）大乘的菩薩：以如實空的立場看五蘊。對五蘊構成的我，不起執著，對個別的五蘊現象也不執著，所以可以不戀生死，也不怕活在生死中。既然不貪著五蘊也不厭惡五蘊，所以在生死中繼續度眾生，不必逃離生死。

（二）小乘的阿羅漢：以分析空的立場看五蘊，由五蘊構成的我是空的，五蘊本身是法，其個別的五蘊並不空。所以也難從五蘊組合成的自我得到解脫，但是個別的五蘊法還在，我執消除而法執仍在，故非究竟。

（三）一般的凡夫：不論知不知道有五蘊，但是五蘊構成的我是在運作，而且事實上處處在對五蘊生起我的執著，所以不知五蘊皆空。

多數的凡夫，根本不知道五蘊組成的我是空的，即使在觀念上知道是空，事實上煩惱及執著還在，一般人在世界上，每日在貪、瞋、癡、慢、疑中生活，對身外的事物有要追求的、放棄的、喜愛的、厭惡的感覺。對自身也有驕傲、自卑、沒有安全感，這都是不知五蘊皆空，五蘊組合的自我也是空。如果能以小乘的慧眼來離我執，菩薩的法眼來離我、法二執，便是般若的功能，菩薩的法眼便是般若。

凡夫也可以用五停心觀中的十八界分別觀及因緣觀，在《楞嚴經》中稱為二十五圓通法門，即是二十五種觀法，也都以五蘊的身心為基礎。若以五蘊配十八界，則色蘊中有四大，包括身體的六根、外在環境的六塵、心理現象的六識，加起來便是十八界。

因此，不論是《楞嚴經》二十五種圓通法門的菩薩禪觀，或是五停心的基礎禪觀，都不會與五蘊無我、五蘊皆空的禪修方法相違。

空

「空」的梵文 śūnyatā 是對「有」的否定，但又不同於虛無論的斷滅見。空的意思，在原始佛教，便是從生滅現象的觀照而發明的。所謂此生故彼生：煩惱起，生、老、病、死生；此滅故彼滅：煩惱滅，生、老、病、死滅。有生有滅，生滅無常，便是空。

大乘中觀的空義，是依龍樹菩薩《中觀論》所持的見解為準，該論〈觀四諦品〉有二偈，相當重要。

以有空義故，一切法得成；
若無空義者，一切則不成。

這明言空義，能成就一切法，若無空義，一切法都不得成就。空是無礙無阻義，如果遇到任何阻力，便表示自心中尚未能實證空義，也未能以般若智慧來照見諸法似有而實空。什麼原因呢？則另有一偈云：

眾因緣生法，我說即是無；
亦為是假名，亦是中道義。

此與原始佛教所說「此生故彼生，此滅故彼滅」的道理相同，凡是因緣合成的現象，自性皆是空的，不僅自性空，此空也是空。說諸法是有，是有的假名；離開有、無二邊，即是中道，即是《般若經》所說的空義。

捨離有、無二邊，也不執持中間，才是真正的中道實相的空義，空中無有相，也無無相，所以空義能成一切法，也能破一切執著相。

照見

「照」是觀察，「見」是體驗，以甚深的般若智慧，觀照體驗五蘊等一切諸法的自性皆空。以般若的角度來看世間現象，空與有是相反相成的，看似矛盾而實際統一，且又是超越的。

度一切苦厄

苦

「苦」的梵文 duḥkha，是身心受到逼惱而感到不安的狀態。進一步則是有漏皆苦。

苦和厄不一樣，苦是痛苦、辛苦；厄是危險、災難。

苦和痛不一樣，有痛不一定苦，有苦不一定痛。苦主要是精神層面的。痛主要是生理的，若不願接受，會產生苦的感覺。貧窮的人，因為貧窮不是自己選擇的，心中不平衡會覺得苦，出家人比貧窮人還窮，由於是自己選擇的，所以甘之如飴。在同一個環境，相同的狀況中，由於各人心境與福報不一樣，感受的苦與不苦也不同。

在佛經中把苦分成三類：

（一）生理的苦——生、老、病、死。生之苦我們都經驗過，但都不記得了。生之苦不僅僅是從娘胎出生之苦，也有生存之苦的意思。事實上生存的過程就是一種苦的感受，我們的身體每一分鐘都在變，細胞在生滅，生命也在變化。生了之後就開始老，如同由新變舊，生命結束以前的每一秒鐘，都是老的過程，有些年輕的生命也會死亡，從出生至死亡，天天都在老去。

（二）心理的苦——生、住、異、滅，是精神的苦。包括了求不得苦、愛別離苦、怨憎會苦。

（三）五蘊熾盛苦——生理及心理二種形成的生命過程，這一生到下一生，一生一生永遠在五蘊的生死中打滾，我們都不容易察覺五蘊是那麼熾盛的、永遠在生死中流轉。

前兩種生理及心理的苦都是從五蘊產生的，如果以深般若的無漏智來觀照五蘊皆空，就不會苦，也能超越一切苦，因為一切都和五蘊有關，有五蘊就會產生生理的苦及心理的苦。

厄

「厄」是困頓、糾纏、限制、拘束、遇邪、遭魔、受害等，故以災難稱厄運。對凡夫來講，有厄一定有苦；對聖人來說，有厄不一定苦。在日常生活中所面臨的危險，有些是我們自己造成的，有些是自然環境及社會環境帶來的，例如天災、人禍、意外災難等等。

修行人在修行時一定要先把對於身體的執著放下，再放下心理的妄念，當心理及生理的自我都放下時，就是五蘊皆空，雖然還不能度一切苦厄，但是在這一刻就是在禪悅及法喜之中。證得五蘊皆空後，身體還在，由於智慧具足，對於一切的苦難及災難，都不會產生那是苦厄的感受了。

三、觀諸法皆空

舍利子！色不異空，空不異色；色即是空，空即是色；受、想、行、識，亦復如是

舍利子

是一個人的名字，也就是舍利弗（梵文 Śāriputra），是佛的十大弟子中智慧第一，《心經》是以舍利弗為聽眾代表而說的；如同《金剛經》是解空第一的須菩提為請法的代表而說的。

色不異空，空不異色

色是物質現象，包括地、水、火、風的四大類物質元素。人的肉體稱為色身。有顏色的紅、黃、藍、白、黑等，有形狀的長、短、方、圓、大、小等，有粗大的物體如全宇宙的天體，有細微的物體如極微塵，有可用形象表現的物質，稱為有表色法，有無法用形象表示但是確實存在的能量，稱為無表色法。《心經》所講的色，主要是指人的身體。

空是對有而說，亦即是無的意思，但是空義更為廣大活潑。「色不異空」是說，一切物質現象，皆不離成、住、壞、空的四態；肉體的生命，不離生、老、病、死的四苦。臨時有而終歸空，從空而有還原為空，現象雖有而自性是空。「空不異色」是說，一切物質現象，雖然自性皆空，卻又不妨礙因緣而有。凡夫愛有而懼空，大菩薩們，見有不貪愛，見空不恐懼。因為有色不異空的無色，空的無色不異有色，當空則空，當有則有，平等自在，心無牽掛。

色即是空，空即是色

空不能離開五蘊，五蘊本身就是空。

色是物質現象，存在於空中，由於有空，色的物質現象，才能經常變化及變換它們的位置、形象、關係，所以感覺到有這麼許多東西存在。

這個世界的存在，沒有不變化及不移動的東西，我們人的色身，有生、老、病、死，會老化、會消失。地球和地球外的太空，及星球彼此之間也有互動的關係，也是不斷地在老化，不是永遠獨立存在。因為有變化才曉得它的存在，這就是色，就是現象有而自性無。

當我們觀照五蘊皆空，如果知見不正，會使人變得消極，對任何事都沒有興趣，認為身體既是假的、空的，所以不必吃苦，讓它活活地餓死。對家庭不必盡義務，因為是虛幻的；對社會不必盡責任，因為人世間不是真實的存在。如此的話，便不能成就菩薩道了。因此禪修觀想第一步是觀一切空，第二步要運用假有的現象，使眾生能成就菩薩道，進而成佛。所以實證「色即是空」，能夠解脫苦惱，實證「空即是色」，能夠成就佛道。體悟了空以後，要以積極的行動度眾生。譬如佛像是假的，但我們利用假的佛像來做為修行的工具；色是假的，穿的衣服、吃的食物都是假的，但我們必須吃飯、穿衣滋養這假有的色身，如此才能運用色身做為修行菩薩道的工具。在體認到色即是空以後，一定要證悟空即是色，才能體會到空義的積極面。

空不能離開色，空不能離開現實的有。實相是空，因緣因果是有，否則就是虛無的頑空。開悟的人因為身體還在，和普通人一樣會講話、活動，所以念頭還在，但是自我心中的執著不存在，因緣要他動時他就動，在動時頭腦清清楚楚知道在做什麼。要空的是對於色法等的執著，色法等的現象仍是有的，不但身體是有，心理活動也有，這是真正的解脫者。《六祖壇經》中說的「無念」，常被誤解是沒有念頭、沒有思想，實際上是沒有自我執著的念頭，不是指頭腦中沒有反應活動；他的頭腦活動和凡夫的頭腦活動不一樣，凡夫的思想是以自我的感情和情緒連在一起，這是浮動不平衡的。如果有思想、有念頭，但沒有自我主觀的感情和自我立場的情緒，這就是空的意思。就好似鏡子本身不會動，當外面的景物動時，反映到鏡中，鏡面才有景象的活動。但是這個鏡面的影像和外在的景物動得完全一樣，沒有加入鏡子自己的主觀判斷、自我執著、感情成分，這就是「無念」的意思。

是諸法空相，不生不滅，不垢不淨，不增不減

「不生不滅，不垢不淨，不增不減」的六不三對，是表達心法及色法等諸法空相的。

不生不滅

一般人在認知上，了解一切現象都是有生有滅、有垢有淨、有增有減的。在感情上卻都希望可喜可愛的事物，最好能永遠有生、有淨、有增，而永遠沒有滅、沒有垢、不會滅，這是愚癡凡夫的想法。有人生孩子，大家恭喜他，而當有親人過世時，即使活了很大的年紀，親朋好友還是會悲傷、痛苦。也有極少數人十分悲觀、極端消極，認為有生就有滅，看到了初生的嬰兒就說：「好可憐！這世界上又多了一個快要死的人。」一看到花開了就說：「唉！好沒有意思，過幾天花就要謝了！」遇到晴天並不開心，因為不久就要下雨了！見到妙齡少女，便想再過幾年她就要變老變醜了。這雖是事實，唯以如此負面的態度看待人生宇宙的現象，也是不健

康的。

佛法在觀察任何一樣事物時，都要洞悉事物的本末因緣，雖然萬事萬物都會生滅消長，但在這個當下，也都有其存在的事實，不可把年輕人看成老年人，不可把活人看作死人，不可乘船時，船還未翻你卻先往水裡跳。

了解到有生就有死，有淨就有垢，有增就有減，就不會執著於一切的現象，而能認知到它現前的存在只是一個過程，所以失敗時不會太頹喪，成功時不會太興奮，只是盡自己的能力把當下每一件事做好，這就是不生不滅。生的成功，不可能永遠擁有它；滅的失敗，不可能永遠無起色。

生與滅是並存的，在生的時候就在滅。一棟新的房子完成時，就開始變舊，但是我們不會因為房子會變舊、損壞，就不蓋房子，因為在房子蓋好到損壞這段期間，可以好好地利用它。對於身體也是一樣，從出生就在趨向老、病、死的過程中，但在走向老、病、死的過程中，我們可以好好利用身體的生命，做有意義的事，所以現象雖是念念生、念念滅，過程還是有的。

在日常生活中，我們以眼睛所接觸到的一切事物來觀察生滅現象，會發現一切的現象都是在生滅的過程中進行，一切現象有生有滅，但此生滅的過程都是即有而空，也是即空而有，所以稱之為不生不滅。

不垢不淨

垢和淨，有主觀及客觀的立場，有人主觀地認為自己很乾淨，客觀的人看他覺得很髒；有人認為自己很髒，但客觀的人卻不認為，所以沒有一定的標準。當喜歡乃至希望占有一個人時，心中要觀想：我喜歡他什麼？他看起來很俊美、很清淨。進一步想：那是真的嗎？他的臉洗過後，第二天就髒了；漱過口，吃過飯就髒了；皮膚很乾淨，出了汗就髒了。也許什麼都乾淨，但他的排泄物一定是臭的，但也未必覺得討厭；等到死亡腐爛了時，還可愛嗎？但對於專食腐屍的動物而言，那又是可口的食物了。淨也沒有一定的客觀標準，說得清楚一些，一切法相的事物現象，本無垢、淨之分。

不增不減

同一個人有時胖一點，有時瘦一點，有人胖一點很高興，覺得發福了；瘦了就很擔心，恐怕身體的哪一部分出問題了。有的年輕女孩一胖就很擔心，恐怕自己快變成肥豬了。其實一個人只要健康就好，胖一點、瘦一點沒有什麼關係，中國歷史上燕瘦環肥，不都是很好嗎？常常有人一看到我就說：「師父，你怎麼又瘦了。」我說：「本來就瘦，老了更瘦，但是我雖已不可以再瘦，也許還會更瘦，畢竟是老了。」不過很多人，都希望我增加一些體重，我自己瘦慣了，倒是很少想到體重的問題。

增加、減少到底是真的還是假的？美國向蘇聯買了阿拉斯加，好似美國的版圖增加了，蘇聯的版圖減少了；蘇聯拿走了日本北方的幾個小島，蘇聯的版圖增加了，日本的版圖減少了；中國的外蒙古獨立，中國的版圖好似小了，但就整個地球來說並沒有增加或減少什麼。

就像紐約禪中心，目前有二棟房子，以後也許會變成三棟，等有一天我死了，即使承繼禪中心的年輕法師比我多活五十年，也創立了更大的禪中心，有一天他們也會死掉，我設在紐約的小小禪中心也許就消失了，房子也不會留住。對整個地球來說，房子不是我們的，也不是人家的，都是用地球上的物質資源建築起來的，地球上並沒有增加、減少什麼。每一個人死了，化成骨變成灰，回歸大自然，便成地、水、火、風，地球上並沒有因為死了一個人就增加了什麼或減少了什麼。當我們以超越時空的立場，來觀想一切東西，便會發現，雖有一切事物的生生滅滅，其實是不增不減的。

是故空中無色，無受、想、行、識。無眼、耳、鼻、舌、身、意；無色、聲、香、味、觸、法；無眼界，乃至無意識界

五蘊十八界

五蘊中的「色」是屬於物質部分，「受」、「想」、「行」、「識」屬於精神部分。《心經》先是綜合解釋身心，稱為五蘊，再把五蘊分開解釋：色是物質部分，分作內、外兩大類，內部的叫六根，外部的叫六塵；精神部分總和四蘊為六

識，六根、六塵的身體及所處的環境，加上心及精神活動的六識，共是十八界。《楞嚴經》中一共有二十五位大菩薩，每一位菩薩都代表著一種修行的法門，其中就有七大、六根、六塵、六識。這二十五個法門，修行任何一種法門都能得到解脫，都能修成大菩薩道。

由憍陳那的聲塵圓通開始，到觀音菩薩的耳根圓通為終。優波尼沙陀修色塵，阿那律陀修眼根，舍利弗修眼識；持地菩薩修地大，烏芻瑟摩修火大，月光童子修水大，琉璃光法王子修風大等，每一位菩薩都修不同的法門。根是裡面的，塵是與根相對的環境。也就是說，《楞嚴經》的二十五種法門之中，包含了十八界，觀任何一法門成功，就能開智慧得解脫，而實際上都是以觀五蘊皆空為基礎，舉例來說，用眼根、緣色塵，用眼識、了別根塵。一切的形色和顏色，都是因緣所生，它們的本身不能孤立存在，所以都是即有而空，也是即空而有。

事實上十八界的任何一界，都不是真的存在，就以色塵來說，當我們閉起眼睛時，色塵雖然存在，但是因為看不到任何東西，所以等於是不存在。又如盲人，只能用手觸摸東西的形狀、體積、質感，但是看不到顏色，故對盲人而言，顏色是空的。必須用眼根、緣色塵、生眼識，只要眼根不存在，色塵及眼識便是空的。只要色塵消失，眼根及眼識也無對象，便無眼根及眼識的作用，即等於空。

五蘊的受是從六根和六塵的接觸而使得六識產生受的作用，受了以後再進入想及行的部分。十八界中六識的「識」和五蘊之中受、想、行、識的「識」，並不一樣，六識的前五項，眼識、耳識、鼻識、舌識、身識，是屬於五蘊中受的部分。而五蘊中的想、行、識是屬於第六意識分別及執著的部分。

六根、六塵、六識的十八界，以上只例舉了眼根對色塵生眼識，舉一反三，餘可類推。一般來說，十八界的觀法，以修耳根及眼根比較容易。

不過，十八界的任何一界，都可以觀照成空，眼根、色塵、眼識，耳根、聲塵、耳識，鼻根、香塵、鼻識，舌根、味塵、舌識，身根、觸塵、身識，意根、法塵、意識，一共六組，分別則稱十八界。

十八界的第六組，比較不容易理解，「意根」在物質部分是因緣所生，是由父母所賦予的腦神經系統，本身是一個臨時性的東西；在精神部分是督責腦細胞來做記錄、回憶、推敲、聯想的工作。「法塵」是符號，林林總總的形象符號、語言符號、觀念符號等，使得意根產生記憶作用，使意識產生分別作用。離開了法塵，意根沒有作用，離開了意識，意根及法塵也沒有功能。所以從理論上來考察，從禪修中來觀照，意根、法塵、意識，本來沒有，將來也沒有。

法塵是從人類的認識心和記憶力而有，自古代的祖先起，不斷地以符號來分門別類認識世界，以記憶來累積經驗。符號本來沒有，是人類創造出來的，我們自幼經由社會、家庭、學校的教育，不斷地吸收各種符號，假設不知道有這些符號，法塵便是不存在的。譬如，中國及印度人都認為有龍及鳳凰，雖然我們從未見過真正的龍及鳳凰，但是書上常常出現，所以一提起龍，我們大家都知道龍的樣子，這就是共同語言符號的作用。事實上雖是沒有龍，因為符號中有龍，所以人的語言及圖書中都有龍的存在，可見符號只是法塵的代表，其本身並不就是任何東西。

我們從前五根見到前五塵，生起了前五識，那些東西本身是空的。法塵的符號，就是代表前五根、前五塵、前五識所產生的反應，既然這些東西本身是空的，符號也是虛設的，所以法塵也是空的。

意識分成二部分：一是內在的分別作用，一是外來的種種影響；便是以內在的意識，通過意根，分別外在的法塵，產生思想，發為行動的作用。

從原始佛教的立場而言，第六意識除了認識的功能，也有執持自我的功能。第六意識本身沒有一個固定不變的東西，它卻能把一生又一生的業力聚集在一起，然後連接到另一個時間段落去，接受業力的果報；接受業力果報的同時，又造另一些行為的業力，再延續到下一生去。因此就會形成有些時段進入天堂，有些時段地獄受苦，有些時段生在人間。由於每次每生造的業都不一樣，每次每生受報的同時，又造不同的業，所以第六識只有認識作用及造業受報作用，本身卻是空的。

觀十八界成功時，即可實際體驗到所受的種種果報是空的，所造的種種善業惡業也是空的。

四、因緣不思議

無無明，亦無無明盡；乃至無老死，亦無老死盡

這四句經文講的是無十二因緣，亦無十二因緣盡。不執生死有，亦不執生死無。

因緣

因緣觀分成兩類：一是以空間現象講因緣，是物質關係的；二是以時間現象講因緣，是精神生命的。佛法是以精神為主，以物質為副，在《心經》中講的十二因緣，是從時間過程的三世流轉，講此有故彼有，此滅故彼滅的生命現象。

《阿含經》中所講的因緣觀，也是就時間講的，著重於精神層面的生與滅。《中觀論》所講，並重於空間和時間之生滅有無的討論，是根據早期的《阿含經》裡所講的五蘊法，即是精神和物質的綜合。《心經》一開始講五蘊、十八界，接著提出十二因緣，也都是以空間及時間、精神和物質的交互運用，來說明因緣生滅的宇宙觀與人生觀。

十二因緣觀，即是分成十二個階段，說明人的生命，何從何去。每一階段，都是果，又都連接著前因和後果。現階段的果，必從上階段的因而來，稱為果緣於因，如此一個一個階段；前因製造後果，在此果位又變成下一個後果的前因，又造後果，如此產生的關係叫作因果關係。促成因果產生關係的就是緣，果是緣於因，所以叫因緣關係；果是從因來的，由於有因才有果，每一個果位都是緣自於因位，以因為果位所緣，所以稱為因緣。

十二因緣

十二因緣是無明↓行↓識↓名色↓六入↓觸↓受↓愛↓取↓有↓生↓老死。以此十二個階段配隸三世三個時段，便是：1.初三個屬過去世；2.中七個屬現在世；3.後二個屬未來世。

無明，行，識——過去世

「無明」是無始以來眾生煩惱的根本，稱為無始無明。佛法不講有開始，雖然地球有開始有結束，而生存在地球上的眾生，在地球未開始以前，早已於他方世界生生死死。當地球毀滅之後，尚沒有得解脫的眾生，又會到其他的世界去接受生死，所以佛教是無始的宇宙生命論。

個別的宇宙體及生命體，看似有始，將時空放遠大了看，其實是無始的。佛法雖說一切眾生都有佛性，是有成佛的可能性，但就眾生的自身而言，由無始以來便是眾生，便是因為根本的無明而自生煩惱，流轉生死，所以稱之謂無始無明。

眾生的煩惱，引發於根本無明，無明即是沒有智慧，所以引生煩惱，煩惱的心理現象是以貪、瞋、癡的三毒為基礎。因貪而追求，求之不得，或者得而復失，便會起瞋，不明因果及因緣的規律，便是愚癡。

凡夫眾生由於貪、瞋、癡的心理活動，反應到身、口、意的三種「行」為，有了行為就產生業力，業力是行為完成後所留下來的心理及精神力量，從生到死的過程中，每一個行為都會有這種力量餘留下來，這種業力的結合就是「識」。識也不是一個固有的東西，但因業力的結合而有，所以取了名字叫識。這個識會在這一生或下一生現行變成果報，對於未來而說，是果報的因，又名為「種識」。所以無明、行、識，對這一世來講是因，對未來世而言也是因。由於有了這樣的因，生命就一世又一世地流轉不息，名為三世因緣。

名色，六入，觸，受，愛，取，有——現在世

現在世的七個段落，也可以歸納成過去世的三個段落，只是為了把現在這一生的過程，清楚詳細地說明，所以才把三個階段細分成七個階段。

「名色」是由識入胎，直到六根齊全為止的住胎階段。我們人類在母親剛剛受孕的那一刻，就算是這一期生命的開始。「名」是前世帶來的業力，「色」是由父精母卵成孕後的胎質。

「六入」即是眼、耳、鼻、舌、身、意的六根，在胎中漸漸完成，出生後六根的功能與六識合而為一，再與色、聲、香、味、觸、法的六塵發生攀緣作用，便有煩惱的情緒影響，所以稱為六入。

「觸」是在出生之後，以六入的身，立即便與母體外的環境接觸，如果不接觸，六入便不會造業，也不受報。

「受」有五種：苦、樂、憂、喜、捨；捨受又可分成兩類：不苦不樂，不憂不喜。

「愛」是在受了以後，產生貪與瞋的反應：對於合意的起貪愛，對逆意的起

瞋怨。

「取」是經過愛瞋的過程之後，就會產生爭取與抗拒的反應。

「有」是經過一生的身心活動，必然留下業力，又有了下一世受報的原因。

在過去世的「行」之中，已包括了名色、六入、觸、受、愛、取的六個段落。過去世的識之中，即含現在世的有，有什麼？有業力，有投生到未來世的業力，再在未來世受生及老死的果報。

生，老死——未來世

「生」是未來世的出生，從出生到一期生命的結束時，便是老死階段。

「老死」是生命的必然現象，有生必有死，從生到死的過程，便是老。

十二因緣的道理，是在為我們指出：生死流轉及生死還滅的過程，比如《雜阿含經》卷十三第三三五經說：「此起故彼起，如無明緣行、行緣識，廣說乃至純大苦聚集起。」又說：「此滅故彼滅，無明滅故行滅，行滅故識滅，如是廣說，乃至純大苦聚滅。」只要無明在即有煩惱起，即有生、老、病、死苦，若滅無明，煩惱亦滅，便離生死苦海。

觀十二因緣

觀十二因緣很重要，十二因緣本身就是苦，如果不觀十二因緣就會製造苦的原因，然後結受苦的果。如果會觀它，就可以達到滅苦的目的。這就是四聖諦中的苦集諦和苦滅諦。《阿含經》中說佛法的基本觀念是「此起故彼起」，有無明煩惱就會造業，造了業就要受苦的果報，在受苦報的同時，又再造業，造了業又受苦報，這就叫作生死流轉，但《阿含經》中又說「此滅故彼滅」，無明煩惱滅了，生死的苦報就不見了，因為無明煩惱滅，就不再造生死業，不造生死業，就不受生死的苦報，不受生死果報的苦，便是自在解脫的人。

觀無明

無明是煩惱的根本，一般人不知道什麼叫作煩惱，也不知道要斷除煩惱，只希望生活中沒有痛苦就好。遇到可愛的還是要貪，遇到不合意的還是要瞋。只希望不要受苦報，不願意不造惡因，不知釜底抽薪，只知揚湯止沸，這就是眾生的愚癡。

無明就是煩惱的根本，所以要觀無明，好似抓賊先抓賊頭，抓住賊頭，賊群也就會落荒而逃了。無明去掉，如同搗破了賊窩山寨，群賊也就沒有地方聚集藏身了。

無明是個假想的名詞，其實並沒有這個東西。好似一個氣球，充滿了氣，打開看，卻看不到任何東西，裡面的氣和外面的氣完全一樣，只是心有執著，用一個自私的我為範圍把它聚集起來，就有了無明的力量。當我們在執著於好、壞、我、你之時，無明好像氣體在氣球裡面一樣，沒有執著時，便像氣球的橡皮消失了，氣也在空間中消失。無明雖是假的，如果自我執著不除，無明也會如影隨形地跟著我們。

無明也是煩惱的種子，遇緣則起，不遇緣則隱伏；像各種植物的種子一樣，遇到了陽光、空氣、水、土壤、肥料等的外緣時，就會發芽，緣不具足就不發芽生長。

所以用觀的方法，使得無明沒有發芽生長的機會。當用氣球做譬喻時，就把無明當氣球來觀想；用種子做譬喻時，就把無明當種子來觀想。球是譬喻自我執著，我們便練習淡化自我乃至放下自我。種子待緣而發芽生長，是譬喻外在的種種誘因，我們便練習著拒絕那些誘因，看透那些誘因，警惕自己不要接受那些誘因的困擾。什麼是誘因？就是那些人、事、物，使我們產生貪欲心、瞋恨心、驕慢心、妒嫉心、懷疑心等的現象。這些外緣使我們產生我執，成為我貪、我瞋、我癡、我慢、我疑等煩惱。

只要不小心，我執的氣球立即形成，只要不小心，無明的種子就得了發芽的外緣。舉例說，貪，一定是有東西可以貪，貪吃、貪錢、貪男女愛欲，這些都是先有一個自我，再加上另外的對象，才會產生貪的事實。

我的本身是個假象，因為「我」是念念不斷地在變，而被貪、被瞋的對象，也是時時刻刻地在變動。譬如一位男子愛上了一個美女，他愛的實質上是個假東西，美女會變老，變得不可愛，而他自己本身也在變，他貪愛的念頭也在變，所以他愛的對象是假的，他自己本身也是假的，愛也是假的，執著的本身也是假的，如果認清了「緣」，就會不起煩惱，煩惱不起，無明就不存在，這就是「無無明」。

要得解脫就要不起煩惱，能夠不起煩惱，生死的苦報也就沒有著力點了。雖然為了度眾生，菩薩仍得倒駕慈航，在生死之中來來去去，因為來去自在，不以為苦，所以也不執著要斷除無明，故謂「亦無無明盡」。在《大智度論》第二十七及二十八卷也曾說到菩薩已得到無生法忍，已住不退轉地，煩惱已盡而習氣未除，乃為眾生有大慈悲而自在化身之故。

觀行

「行」以心為主、身為從，心以貪、瞋、癡、慢、疑等為我的反應，跟著產生身及口的行為動作，便構成造業的事實。所以當我們起心動念時、開口說話時，一切當觀照，是不是與貪、瞋、癡、慢、疑等煩惱我執相連相應；如果是，就算構成了「行」，就是在造業；如果不是，就不是「行」，就不在造業。

譬如有一個人走夜路，看到了一隻癩蛤蟆，而他最討厭癩蛤蟆，便不假思索地一腳踩上去，希望把牠踩死，結果發現原不是癩蛤蟆，而是一堆狗屎。雖然他沒有殺生，但因為他起了瞋恨心及殺念，若依小乘律，不算犯戒，也不造殺業；若依菩薩律儀，因為傷了慈悲心，所以既犯戒也造業，他踩上了一腳狗屎，也算是受了果報。

在日常生活中，當你發覺有了貪、瞋、癡、慢、疑等的煩惱時，要觀心的動機是什麼？它所產生的後果是什麼？如果以慈悲心發動身、口二業，去以佛法度化眾生，就會轉黑業的行，為白業的行，再由白業的行轉為無漏業的菩薩行了。

如果明知你自己造惡業，便當立即痛徹懺悔，發願改過修善，就是修行了。累犯而無悔意的身、口、意三業惡行，所造的惡業和初犯的也是不一樣，所受的果報也較沉重，所以起了煩惱就當觀照懺悔，漸漸地變成正知正見的正行，就能變成無明滅而行滅了。

禪修者要觀照自己的起心動念處，發現煩惱心將起時，最好不讓它出現，若已出現時要讓它停止，如果不能停止，要以念佛、禮拜、持咒、數呼吸等方法來轉移它。

觀識

「識」其實也沒有這樣東西，它本身是先由行為構成業力，再由業力累積聚合為識，如果「行」滅，「識」就無法存在。識的產生是因為我的執著，誤將無明煩惱執著為「我」。例如以貪為我，向外把環境據以為我，把自己的身體當成是我，向內把自己的思想、觀念等的價值判斷執著為我。

我們當觀，外在的環境例如眷屬、財富、權勢、名望等，乃至自己的肉體，原來不是我，將來也不是我。內在的價值判斷，可以因人因時因地而不同，所以是虛幻的，當然也不是我。譬如說認為自己有多少財產、地位、功勞，有多少學問、名望、影響力，都不過像是江心的浪、水面的泡，幻現幻滅，並沒有真正的我。

能夠不執著我，便不起煩惱、不造業，也就沒有識了。這是無明滅故行滅，行滅故識滅，識滅故生、老、病、死諸苦皆滅。

三世共有十二因緣，只要懂得一世的三個因緣，其他二世的九個因緣，也可以此類推，完全相同；過去世既空，現在世及未來世當然也是空的了。

三世十二因緣是由煩惱的我執所形成，如果沒有煩惱，不起我執，便無無明、無行、無識。既沒有過去世的無明、行、識，就不會有這一世的名色、六入、觸、受、愛、取、有，既沒有這一世的業力，也就不會有來世的生及老死了。

但是對於大乘菩薩來說，雖然已無無明亦無老死，而眾生尚需菩薩救度，菩薩還是要在生死之中普度眾生，所以既無無明盡，亦無老死盡。要在有生有死的眾生群中，不起煩惱，沒有執著，這才是大解脫、大自在。

無苦、集、滅、道

四聖諦

苦、集、滅、道，稱為四聖諦，此與十二因緣有關。四聖諦是從十二因緣產生的，觀十二因緣能出離生死苦海，觀四聖諦也能出離生死苦海。

了解苦、集、滅、道的意義，觀照苦、集、滅、道的事實，超越苦、集、滅、道的範圍，便是這經文「無苦、集、滅、道」的內容。

這是大乘菩薩的精神，雖已斷苦集、已滅苦果、已修滅苦之道、已證滅苦之位，但是不住於生死也不離生死，不住生死是得解脫，不離生死為度眾生。不像小乘聖者是：苦已滅、集已斷、道已修、滅已證，便是「所作已辦，不受後有」，不再進入生死了。

先將四聖諦的內容，說明如下：

（一）苦：最基本的苦是生、老、病、死，這就是三世十二因緣的流轉生死，也就是《阿含經》中說：「此有故彼有，此起故彼起」的生死之苦；從出生到死亡之間，為了求生存、求安全欲的滿足，便有貪生怕死的苦，你爭我奪的苦，因此衍生出求不得苦、愛別離苦、怨憎會苦、五蘊熾盛苦。

（二）集：是聚集受苦的原因，就是由於造就種種業因，才感受種種苦果。以整體的項目而言，即是身三業、口四業、意三業，總共十業。不管是十惡業或十善業，都要受果報。一般人認為，造了十善業，所受的福報是好事，應該不是受苦；這好像是對的，可惜當你將福報享盡的一天，苦又立即出現了。正在享福的當時，福報就逐漸減少，這叫作壞苦；至於造惡業受苦報，叫作苦苦。

「集」是佛法裡面的基本觀念，稱為業感緣起。造業就能感到果報，果報是因為造業而有，這便是業感緣起。造業受報，就好像在山谷中喊叫一聲，就有回音。當我們有行為就有反應，沒有行為就不會有這種反應。修行的行為是集善業，如果以有我之心，集了善業也有業感。學佛的人，當以不求回饋的心，來做利益眾生的事，便是無相行。如《金剛經》所說：「滅度一切眾生已，而無有一眾生實滅度者。」也就是度了一切眾生，自己並不認為自己是度了眾生的人。到了這個程度，就沒有集了。

（三）滅：是滅苦與斷集。使受苦的原因不再發生，即使已集的苦因未消，苦報仍得去受，但已實證無我的人，不會厭苦，便等於無苦。

如果你尚未解脫生死，若能釜底抽薪，隨緣消舊業，更不造新殃，也算是做著滅苦的工作。一邊受苦，一邊不再製造苦的業因，這就是修持滅苦之道；不但滅了苦，同時也斷了集。

有善根的凡夫們，雖已知道要滅苦斷集，唯因業力重、障礙多，以致心不由己、身不由己，無法不造生死業，所以需要修行的方法，那便是修道、斷集、滅苦。

（四）道：修道可以幫助我們漸漸地達成斷集滅苦的目的。道的總則是戒、定、慧，並稱為三無漏學。大乘菩薩道，有四攝、六度，基礎是五戒、十善業道。原始佛教則有八正道。

若就道的總則而言，「戒」是不當做的不得做，應當做的不得不做，否則便是犯戒，便應立刻懺悔。如此便能使得苦的原因漸漸地斷絕，苦的結果樂意地接受，苦就愈來愈少了。

「定」是使得浮動的情緒心，獲得安定、平靜，不再自惱惱人，不再製造苦因，若在定中，自然不會犯戒。

「慧」有兩種，一是有漏慧，一是無漏慧，有漏慧是以自我為中心的知識、見解、智慧。無漏慧是無我的智慧，斷煩惱是它，度眾生也是它。離苦是它，救苦也是它。

五戒與十善業道，是由戒學的衍生；八正道與六度，是由戒、定、慧三無漏學的衍生；四攝法是由菩薩道的具體展現。總之都屬於「道」的範圍。

觀四諦

人在受苦時，如果已知道是苦，這個苦的本身，就沒有那麼苦了。有些人終日煩惱而不知是苦，也不知道苦的原因，更不知道如何脫苦，那才是真正的苦不堪言了。譬如有一個人，明明是你的仇人怨家，你卻誤認為是愛人親家，他常常對你不好，使你困擾，而又偏偏離不開你，你也每天需要他和你生活在一起，你既恨他，你又愛他，你竟然不曉得這就是苦。

如果知道這就是苦，想想何必如此跟他計較，愈計較愈苦，不如面對他、接受他、原諒他、協助他，你的苦就會減少了。

更進一步要觀察苦集，明瞭苦的原因是什麼？是從何處來？若能自觀己心，便是發現苦的原因不從外來，是自我中心的煩惱產生，這樣一想，便不會怨天尤人，苦的感受，又少了一些。這是知道自己造了苦的因，必須接受苦的果，所以一方面能夠心平氣和地接受現實，一方面又能在生活中不敢製造苦的因了。

再進一步，觀滅苦的方法，受苦是因緣法，苦集也是因緣法，既是因緣法，能生必能滅。能做如此觀苦，當下就能避免受與集苦了。若能知苦、知集，就能修道、斷集、滅苦。

由於沒有一樣具體東西叫作滅，所以很難觀照，只有以實踐滅苦之道來產生滅苦的功能。滅苦之道的觀法是時時刻刻注意自己的身、口、意，是不是與戒、定、慧的三無漏學相應。常常檢點自己的言行心向，是不是與驕傲、嫉妒、貪欲、怨忿、瞋怒、懷疑等煩惱相應，有則改之，無則避免，那便是在修道了。

修行的初步，是要修行苦、集、滅、道四聖諦法的，唯以大乘菩薩道的觀點來看，那還不夠究竟，因此要超越了四聖諦法，才是徹底的大自在，所以要說：「無苦、集、滅、道。」這是大菩薩的智慧所證境界，不僅沒有苦受與苦集，連滅苦斷集都不執著了，才是無修無證的無事真人。

無智亦無得

智

「智」的梵語若那（jñāna），在大、小乘諸經論中，有許多的類別及其性質。主要是自利利他、斷煩惱、離諸苦的抉擇力。

就原始佛教的立場所說的智，主要是觀苦、集、滅、道四聖諦，對世間有漏之因果及出世間無漏之因果，能夠如實知見。

小乘論書如《阿毘達磨發智論》、《大毘婆沙論》、《成實論》等，說有一智、二智、三智、四智、五智、六智、七智、八智、十智、四十四智、七十七智等。

大乘的《楞伽經》說智有三種：1.外道凡夫，執著一切諸法之有、無者為世間智；2.小乘聖者，虛妄分別自相、同相者為出世間智；3.諸佛菩薩，觀一切諸法不生不滅，離有、無二見者為出世間上上智。

《大品般若經》亦謂智有三種：1.一切智，知諸法總相；2.道種慧（智），知二道乃至無量道門；3.一切種智，能盡知一切諸法的總相、別相。

《雜阿含經》卷十五第三七九經記載佛陀為五比丘初轉法輪：「當正思惟時，生眼智明覺：此苦集，此苦滅，此苦滅道跡聖諦，本所未曾聞法。當正思惟時，生眼智明覺。」即是依四聖諦而得法眼淨的意思。

無智亦無得

智慧如果是有，不論其有經驗，有觀念，有看法，有思想，凡以自我為中心者，這就是有漏智，不是真正的智慧。

離開自我中心，就是無漏智，但在小乘聖者就將實證四聖諦的無漏智，認為是真正的智慧。大乘菩薩的解脫自在，既無四聖諦，當然也用不到無漏智這樣東西了。

「得」的觀念，對凡夫來說，未知佛法者，希望求得名利物欲的滿足；初知佛法者，希望得到功德和福報。深知佛法者，希望求得佛法、求得智慧、求得解脫、求得聖果，禪宗的行者，希望求得開悟，明心見性。

小乘佛法有緣覺果及聲聞四果可得，大乘佛法有菩薩果位及佛果位可得。如果為了追求果位而修行，是有為的，得凡夫果，也是有漏果，充其量只能達到小乘聖者果位。發願取證果位，而不是僅為果位修行菩薩道者，就會得到大乘聖果，例如釋迦世尊是為了解脫眾生苦厄而出家修道，目的是度眾生而不是求果位，已證聖果的人只認為那是一個經驗，不會自高自大，不會執著果位當作自我的價值看待。對於果位價值的執著愈來愈輕，而到人我執與法我執斷盡之時，證聖果的位置愈來愈高，所以真正證聖果的人不會把果位當作另一種自我來執著。

對於尚在凡夫位中的眾生而言，佛菩薩一定要告訴他們有聖智聖果可得，是為了勸勉凡夫離生死苦出煩惱網。到了真正得大自在的大解脫時，就發現無智無得，才是佛菩薩的體驗。

觀無智亦無得

因為沒有智慧才產生煩惱，所以要反觀自己，並知道自己有煩惱而沒有智慧。無論是痛苦的煩惱及得意的煩惱，都不是智慧，身體的感覺，如疲倦思休息、病痛思醫藥、飢思食、渴思飲等，都是生理上需要的自然現象，不算是煩惱；為了追求虛榮，追求虛名浮利，而產生貪、瞋、嫉妒等心念時，才算是煩惱。譬如父母無條件撫養教育子女，是天經地義的事，不算是煩惱，如對孩子是為養兒防老，期望過高，過分擔心就會產生煩惱。在日常生活中起心動念時，若有煩惱起，就要問自己：「我有智慧嗎？」有煩惱的感覺時，也要好好觀察；若有智慧，那是有漏智呢？還是無漏智呢？凡是自我中心在，不論是個別的小我或者是全體宇宙的大我，都是有漏智，應當捨棄我執，便可轉有漏智成無漏智了。

有了無漏智，尚須觀照，是否已經超越了煩惱與智慧的相對觀，若將眾生的煩惱與菩薩的智慧分別看待，取智慧而捨煩惱，懼生死而樂涅槃，那還未曾究竟，當觀煩惱不起，智慧亦無用處，那才是真正的自在解脫，故名為「無智亦無得」。

五、解脱與自在

以無所得故，菩提薩埵，依般若波羅蜜多故，心無罣礙

當心中無所得無所求時，就是自在的菩薩。菩薩是以無漏智慧從有求有得的此岸，到達無求無得的彼岸。

菩提薩埵

菩提薩埵，梵語 bodhisattva，漢譯名稱很多，例如覺有情、大道心眾生、大士、高士、開士等，是發了〈四弘誓願〉，修行六波羅蜜多，上求佛道，下化眾生，自利利他，經三祇百劫，歷五十二階位，而證佛果之過程者，便是菩提薩埵，簡稱菩薩。

菩薩從初發心至佛果位，所經歷的五十二個階段是：十信、十住、十行、十迴向、十地、等覺、妙覺。初十信是外凡；十住、十行、十迴向是內凡，又名三十

賢位；初地以上是聖位。初地以上得無生法忍，煩惱不起，無明分斷，仍有眾生要度的誓願，到了八地以上的菩薩，進入無功用地，不必再發誓願，自然因應隨類攝化，乃至能顯現佛身，普度眾生。永遠普度，隨緣普度而實無眾生已度、當度、正度者，便是八地以上的大菩薩。

心無罣礙

菩薩因為已到無所求無所得的程度，那是依靠般若波羅蜜多的力量所致。由於般若的空慧，已將一切自我的執著掃蕩清淨，自心即是清淨的智慧，等同橫遍十方、豎窮三際的佛心，等虛空遍法界，無處不照，亦無痕跡，正如《金剛經》所說的「應無所住而生其心」，有心的功用，無心的執著，所以是「心無罣礙」。

普通人無法做到心無罣礙的程度，因為凡是起心動念，都有主觀的立場，既然預設立場，就不容易把心門敞開，尊重他人、接受他人。如果經常學習菩薩精神，以慈悲為著眼，以智慧作指導，就能凡事多為他人的立場設身處地，諒解他人、同情他人、協助他人，而少為自我的主見做保護，少為自我的得失做考量，則雖不能

「心無罣礙」，至少也能心情愉快了。

不妨將菩薩的心，譬喻成山中的一朵祥雲；雲是不請自來的，不驅自走；雲在山巒之間，穿來穿去，遊走自在，遇到了山峰，不會被擋住，越過山巔，繞過山腰，消失於無形。雲是有的，但不會受到任何東西的阻礙，因為它本身沒有固定的目的，沒有固定的形體。雲在遇到不同的氣溫氣流，便會隨緣變化成雨、露、雹、雪、霜、冰以及水、氣等形狀。這就是菩薩無心，如雲出岫的意思。凡夫也不是完全不能學習的。

罣礙是妨礙、牽掛的意思，也是心有煩惱、病態的意思，有罣礙的心，就是心有了牽累障礙的病。例如《維摩經》說維摩詰長者因為眾生有疾，所以維摩詰長者也示現有疾；眾生害了生死煩惱的大病，所以心有罣礙，菩薩已離生死煩惱大病，所以心無罣礙。菩薩為了慈悲眾生，示現於眾生群中，看來也像是罣礙有病的眾生，但他們的內心已空無一物，故名心無罣礙。

無罣礙故，無有恐怖，遠離顛倒夢想

無有恐怖

恐怖是驚駭、恐怕、畏懼等慌張不安的意思。在大、小乘經論中，恐怖的情況大致有三類：一是凡夫遇到災難臨身無法逃避時，覺得恐怖；二是外道天魔聽聞有人說佛法時，魔宮震驚，無法自處，所以恐怖；更有一類小乘根性的人，聽說修持大乘菩薩道至成佛為止，要經三祇百劫，也會覺得恐懼。

《雜阿含經》卷二說，愚癡無聞的凡夫，見色是我及我所，若色變異，心亦隨轉，則生恐怖、障礙、心亂。若心不隨變異，則心不恐怖、障礙、心亂。凡夫愚癡，不知諸法無常變異，即是空相，即是無我相，故對生死變異生恐怖心；若能心不隨境界轉移，便不為所動，即無恐怖想。

《千手千眼觀世音菩薩廣大圓滿無礙大悲心陀羅尼經》，則謂當觀世音菩薩說出〈大悲咒〉之後，十方諸佛悉皆歡喜，天魔外道恐怖毛豎。這是邪不敵正，邪惡的魔法，遇到慈悲的佛法，就生恐怖了。

何人能得無有恐怖？《雜阿含經》卷三十六則說：「一切怖已過，永超世恩愛。」這是說，離欲出世的人，也就是證得解脫道的四果聖者，永遠離世間恩愛，也超脫一切恐怖。該經同卷又說：「覩斯老、病、死，令人大恐怖。」只要出離老、病、死，人即無有恐怖了。

《大智度論》卷二十一說有佛弟子在曠野中修不淨觀，心生驚怖，如來即為他們說了八念法門：念佛、念法、念僧、念戒、念捨（布施）、念天、念出入息、念死。並謂若存此（八念之）心，恐怖即除。以此八念法門，能除靜修之際所生的恐怖。

《心經》所說的「無有恐怖」，即是已從一切法得大自在，所以已無任何患得患失、憂懼不安的心了。

世間也有天不怕地不怕的亡命之徒，也有古代的忠臣烈士、孝子節婦、現代的冒險家以及黑白兩道的遊俠人物，都有置生死於度外的氣魄；但他們也怕名節受到侮辱，多半也有被後人嘆為慷慨赴死容易而從容就義艱難之憾！例如西方宗教史上的耶穌遇難，中國史上的文天祥受戮，面對死亡時都有恐懼感。

可見，唯有勘破了生死大關的聖者，才能做到真的無有恐怖；一般凡夫也不是完全辦不到，若能經常做些觀照的功課，觀五蘊無我，諸法皆空，臨到危難發生時，總會派到用處。

遠離顛倒

顛倒的意思是：是非顛倒、黑白顛倒、正反顛倒、善惡顛倒、上下顛倒等認錯了方向位子，混亂了價值判斷，打翻了常軌常道。

顛倒的梵語是viparyāsa，在佛教的大、小乘經論中，對於此一名詞的共識是四顛倒。但從大乘菩薩的立場看，又可分作有為及無為的兩類：

（一）有為四顛倒：是指凡夫對於生死有為諸法，起四顛倒想，例如《大智度論》卷三十一有云：「世間有四顛倒：不淨中有淨顛倒，苦中有樂顛倒，無常中有常顛倒，無我中有我顛倒。」這是凡夫對人生的顛倒見，身是不淨以為是淨，所受是苦認為是樂，心的念頭無常誤以為常，諸法現象無我執著是我。由此四顛倒，起種種妄想，造種種不善業，以致沉淪生死，無有出期。因此佛說有四念住（處）觀：觀身不淨、觀受是苦、觀心無常、觀法無我；令眾生觀想，出離生死。

（二）無為四顛倒：是指二乘（聲聞與緣覺的小乘）人，對於涅槃的無為法，起四種顛倒妄見：計常為無常、計樂為苦、計我為無我、計淨為不淨。這是出於三十六卷本的《大般涅槃經》第二卷〈哀歎品〉第三，以為大乘的涅槃，即有常、樂、我、淨的四德：「無我者即生死，我者即如來；無常者聲聞緣覺，常者如來法身；苦者一切外道，樂者即是涅槃；不淨者即有為法；淨者諸佛菩薩所有正法。是名不顛倒。」

《大般涅槃經》的這段經義是說，佛為外道凡夫說無常、苦、無我、不淨，是為除其世間法的四顛倒見，小乘不解，竟對涅槃所具的常、樂、我、淨等四德，也否定掉了。所以提出無為四顛倒，來修正小乘的妄見。

《心經》的遠離顛倒，主要是指有為四顛倒。《般若經》系統中，尚未見無為四顛倒之說。若能離四顛倒，即不會執幻有的身心世界為實我實法，就能從一切煩惱我執獲得自在。

遠離夢想

夢想和顛倒是同類性質，虛實顛倒，以虛為實，即是夢想。世間凡夫，明知世事無常，天下沒有不死的人，沒有不謝的花，沒有不散的筵席，沒有不沒落的王朝，總還是十分努力地貪戀執著，便是以幻為實，以夢為真。

《金剛經》說：「一切有為法，如夢幻泡影。」也就是為我人指出世間的一切現象，都是如夢如幻如泡如影，可以欣賞，但不足貪戀。

永嘉大師的〈永嘉證道歌〉有云：「夢裡明明有六趣，覺後空空無大千。」也是為世人點出世間六道眾生，在未悟之前的確是因果相循，有血有淚、有情有愛，當然覺得真的，但在悟後再看大千世界與六道眾生，生死無非幻起幻滅，我是空的，世界也是空的。

《摩訶般若波羅蜜經》卷十二〈無作品〉說：「爾時釋提桓因，問須菩提：『云何菩薩摩訶薩行般若波羅蜜，知見諸法，如夢、如焰、如影、如響、如幻、如化？』……須菩提言：『……是菩薩摩訶薩亦能不念夢、不念是夢、不念用夢、不念我夢。』」

佛教聖典的性質也有不同的層次，從宗教信仰層面而說的，多半會肯定夢事，讚揚吉祥的夢境為感應、為瑞相，例如《修行本起經》、《過去現在因果經》等，記載釋迦聖尊降胎時，佛母摩訶摩耶夫人，即夢見菩薩騎白象入胎。《地藏菩薩本願經》中的地藏菩薩，在因地為婆羅門女時，夢遊地獄；地藏菩薩為光目女時，夢見清淨蓮華目如來身，金色晃耀，如須彌山，放大光明。另有《阿難七夢經》、

《增一阿含經》卷五十一的《舍衛國王夢見十事經》等，均對夢境有所肯定。但在《梵網經》菩薩戒本輕戒第二十九條則謂：若佛子「解夢吉凶」是菩薩犯輕垢罪。

有的佛教聖典，是站在學術研究的立場，論列夢境的成立及其性質等，例如《大毘婆沙論》卷三十七，有相當多的篇幅討論夢事。《成唯識論》在討論第六意識時，將夢境稱為獨頭意識的活動。

《般若經》的立場是特重智慧的，所以對於夢事採取遠離的看法，透過般若的智慧來認識一切諸法，不論有漏無漏，都應超越、都應離執，對於心理現象的夢事、夢境的執著，當然也要遠離了。

觀顛倒夢想

為了少煩少惱，少一些不必要的困擾，雖然尚是凡夫，也當練習遠離顛倒夢想，就是自己的心念，經常在很清楚的情況下生活，不輕易地動情緒，把自我中心看淡一些，把近利及私利看輕一些。勿把緩急顛倒，勿把輕重顛倒，勿把公私顛倒，勿把先後顛倒，勿把親疏顛倒，勿把遠近顛倒。

夢想是不切實際的幻想，不能把夢想當成理想，也不能以理想而疏忽了現實，如果老在幻想未來美景，忽略了當下具備的條件，便是顛倒夢想。

當貪、瞋、癡等的煩惱心生起時，應該立刻警覺，是不是弄顛倒了？對於金錢、名利、愛情的追求使得自己惹來痛苦時，應當反省是不是弄顛倒了？當成名成功很有樂趣、非常得意時，也要問自己是否弄顛倒了？

無論計畫任何事，應當腳踏實地步步為營，為防出岔。夢時不會想到自己是在夢中，等到美夢破碎變成惡夢，才知道原來是弄錯了。因此，在現實生活中，不論是逆是順，最好觀想：都是一場夢。煩惱就會少一點。由於知道自己是在做夢，對於成敗得失等的計較心，也不會那般強烈了，製造自我干擾的機率，也就會相對地減少了。

究竟涅槃

「涅槃」的梵文是nirvāṇa，它有滅、寂滅、滅度、寂的意思；滅除煩惱、超度生死眾苦，進入寂靜而不受煩惱所動的心境，稱為涅槃。

又稱為「般涅槃」（parinirvāṇa），意為圓寂，以及摩訶般涅槃（mahā-parinivāṇa），意為大圓寂。在《雜阿含經》卷十八的第四九〇經，對於涅槃的內容，有如此的說明：「涅槃者，貪欲永盡，瞋恚永盡，愚癡永盡，一切諸煩惱永盡，是名涅槃。」

《大毘婆沙論》卷二十八云：「煩惱滅故名為涅槃，復次三火息故名為涅槃，復次三相寂故名為涅槃，復次離臭穢故名為涅槃，復次離諸趣故名為涅槃。……超度一切生死苦難故名涅槃。」

總之是出離三界的煩惱生死苦海，名為涅槃。《入阿毘達磨論》卷下也說：「一切災患煩惱火滅，故名涅槃。」也可以說，在小乘諸派之中對於涅槃的共識是，永盡煩惱諸苦的境地，也是超度生死苦難的境地。

但在大乘經論對於涅槃的認識，是更加積極的，它有不生不滅義，它與法身遍在常在，有相同的性質。例如《大般涅槃經》卷六云：「若言如來入於涅槃如薪盡火滅，名不了義；若言如來入法性者，是名了義。」

大乘的涅槃既不等於一般凡夫的死亡，也不等於小乘聖者以為薪盡火滅，從此便從宇宙中消失，而進入另一個永不顯現的境界，涅槃乃是從煩惱得到解脫，既能充遍時空，又能不受時空的限制，便是諸法的法性，便是諸佛的法身。尤其涅槃並不一定要等到肉體的死亡，只要無明斷除，當下便入涅槃。不過小乘聖典也將涅槃分為兩類：1.煩惱永盡而肉體的身心尚健在，稱為有餘依涅槃；2.煩惱永盡，所依的色身也已死亡消滅，稱為無餘依涅槃。

《大智度論》卷八十三云：「涅槃，無相無量不可思議，滅諸戲論，此涅槃相，即是般若波羅蜜。」

綜合大乘經論對於涅槃的介紹，其實是表達了涅槃、般若、如來法身，三法一體，不縱不橫，有其一即具足其三。《心經》所謂的「究竟涅槃」，便是《大智度論》所說「無相、無量、不可思議，……即是般若波羅蜜」的涅槃相。證入大乘涅槃的人，不會被三界的生死所縛、煩惱所動，故已不像凡夫那樣地貪戀世間，也不像小乘聖者那樣地厭離世間，而是以眾生為福田，在三界做佛事。

凡夫雖不是佛，也未得究竟涅槃，既然發心學佛，就當學習體驗大乘涅槃的心境。在日常生活中，遇到種種讓你煩惱的情況，不論是起自內心或來自身外，均宜視作理所當然，本來如此，即有而空，即空而有。不用恐懼討厭，不用逃避躲藏，應當面對它、接受它、處理它，然後不論其結果好壞，都得從心中把它放下。那就天下沒有什麼人、什麼事、什麼東西，能夠困擾你了。

六、生命的歸趣

三世諸佛，依般若波羅蜜多故，得阿耨多羅三藐三菩提

「三世諸佛」是指過去無始以來的諸佛如來、現在十方的諸佛如來、未來無窮的諸佛如來，無一位不是由於修行般若波羅蜜多法門，而成佛道的。

「阿耨多羅三藐三菩提」是梵文 anuttara-samyak-sambodhi 的音譯，意為無上正遍知、無上正真道、無上正等正覺，即是佛的覺智，佛已離迷斷惑而覺智圓滿，於平等的真理無所不知，故得於世間無上之名。

故知般若波羅蜜多，是大神咒，是大明咒，是無上咒，是無等等咒；能除一切苦，真實不虛

「般若波羅蜜多」，具足一切世間出世間最強大的力量，故稱為「大」。「咒」的梵文是陀羅尼（dhāraṇī），是真言，是總持無量義，而又具足無量神變不可思議的功能。

「是大神咒」：此般若波羅蜜多，具有無量不可思議的神力變化。
「是大明咒」：此般若波羅蜜多，具有無量不可思議的智慧功能。
「是無上咒」：此般若波羅蜜多，具有無量不可思議的一切功德。
「是無等等咒」：此般若波羅蜜多，具有無量不可思議無與倫比的一切功力。
「能除一切苦，真實不虛」：此般若波羅蜜多，既能使菩薩「照見五蘊皆空」，此處再度點出，首尾呼應，乃是為了加強我們對於般若波羅蜜多的信心，而且保證，這是絕對真實有用的法門。

故說般若波羅蜜多咒，即說咒曰：揭諦，揭諦，波羅揭諦，波羅僧揭諦，菩提薩婆訶

咒語宜用梵文音譯，不宜譯出其意義，只要一心誦持，就能生智慧，得感應，

除諸災難苦厄。但也不是沒有意義，如果一定要想知道其涵義，可以譯成：

去罷！去罷！超度到彼岸去罷！大家都超度到彼岸去罷！覺道成就。

案：本「《心經》禪解」講義是一九九〇年間，我在美國東初禪寺為東、西方人士合堂的特別禪坐會，開講了十次，六十分鐘的錄音帶達十四卷，請吳果慕居士整理成稿。到了一九九五年十一月下旬，我花了十天時間修訂補寫，再請姚果莊居士謄正完稿。

第二篇 《心經》講記

一、緒言

《心經》是大乘佛法的心要，也可以視為一部很好的佛學概論。不過要把它解說得深入而淺出，卻是很不容易的事。今晚，諸位專程到農禪寺來聽經，求法的心意非常可喜，即使到時聽不清楚或聽不懂，相信也會耐心地聽完，而我也會盡量用淺顯易懂的方式來解說。

首先我們看這部經的結構。它可分成三個段落：

第一段是「序分」，也就是一般所謂的「序言」或「序論」，一共有四句：「觀自在菩薩，行深般若波羅蜜多時，照見五蘊皆空，度一切苦厄。」

第二段是「正宗分」，一般稱為「本文」或「本論」，即本經的主要內容，它分述五個觀點：

（一）人類觀：指出人的五蘊——色、受、想、行、識——是空的，因此，人的本身就是解脫自在。共七句：「舍利子！色不異空，空不異色；色即是空，空即是色；受、想、行、識，亦復如是。」

（二）宇宙觀：包括五蘊、十二處、十八界，講的是人在宇宙之中就是解脫自在。共十一句：「舍利子！是諸法空相，不生不滅，不垢不淨，不增不減。是故空中無色，無受、想、行、識。無眼、耳、鼻、舌、身、意；無色、聲、香、味、觸、法；無眼界，乃至無意識界。」

（三）人的三世因果觀：解釋人在生來死去之中就是解脫自在。共六句：「無無明，亦無無明盡；乃至無老死，亦無老死盡。無苦、集、滅、道。無智亦無得。」

（四）菩薩的境界：這是解脫自在最好的範例。共八句：「以無所得故，菩提薩埵，依般若波羅蜜多故，心無罣礙；無罣礙故，無有恐怖，遠離顛倒夢想，究竟涅槃。」

（五）佛道：這是菩薩的理想和目的，也就是解脫自在的終極圓滿。共三句：「三世諸佛，依般若波羅蜜多故，得阿耨多羅三藐三菩提。」

最後一段是「流通分」，即一般所稱的「結論」。共十四句：「故知般若波羅蜜多，是大神咒，是大明咒，是無上咒，是無等等咒；能除一切苦，真實不虛。故說般若波羅蜜多咒，即說咒曰：揭諦，揭諦，波羅揭諦，波羅僧揭諦，菩提薩婆訶。」

《心經》在所有的佛經之中，是文字最精簡，組織最嚴密，內容最豐富的一部經，我們既可以因它而理解佛法，深造自得；也可以把它當成修行的法門來用功；更可以為求感應而虔心持誦。原因是這部經主在開顯大乘的「空」義，深廣而微妙，我們可以由此而理解深究佛法；而我們自己若能了解「空」義，信受奉行，也可離卻煩惱；更且持誦本經，使鬼神了知「空」的道理，又能度鬼神得解脫，所以，持誦《心經》可以自利利他，冥陽兩利。

下面我簡單介紹《心經》的來歷。根據印順老法師的〈般若波羅蜜多心經講記〉說：「此經本是《般若波羅蜜多經》中的心要，在六百卷的《般若經》裡，有〈學觀品〉，此品有與本經幾乎完全相同的文句，不過不是觀自在菩薩說的，而是佛直接向舍利子說的。此經應該是《大般若經》裡的精要部分，古德為了易於受持，特地摘出來單行流通，所以名為《般若波羅蜜多心經》。」

東初老人著的《般若心經思想史》也說：「《心經》，是六百卷《大般若》的精要，也是《大般若》的結晶體。《心經》雖不攝於《大般若經》內，但在《大般若》第二會第二分〈觀照品〉第三之二，其異譯為《大品般若‧習應品》第三的一段，頗與《心經》類似。有說這段原文當為《心經》的原型，或說《心經》是根據這段文所組成獨立的經典。於此不特可觀見《大般若經》的精要，亦可窺見《心經》組織的來源。」

歷來《心經》的譯本很多，自姚秦鳩摩羅什翻譯之後，一直到宋朝的施護為止，可以查考的，一共經過十一次的漢譯工作，前後經過的時間約六百年。現在我們一般講誦流通的是由唐朝玄奘大師所譯的《心經》，全部為二百六十個字。

二、《心經》的內容

現在，我就前面所分的段落，依序來講述《心經》的內容。

序論

觀自在菩薩

觀自在，在梵文佛經中稱為「阿縛盧枳帝濕伐邏」，在中文佛經中的譯名則有好幾種，大家最熟悉也最常稱的就是鳩摩羅什的舊譯——觀世音，玄奘則新譯為觀自在。

前面說過，《心經》的原型，在《大般若經》裡本來是佛陀向舍利子說法，可是到了西元四、五世紀《心經》成立之時，密教正流行於印度及西域各地，觀世音菩薩的大慈大悲、廣大靈感、應化無礙的威神之力，早已成為密教信仰的中心，所以就把觀世音，即觀自在菩薩，奉為《心經》的說法主了。

菩薩是依德立名的，依般若觀慧而已得自在的菩薩，即名觀自在菩薩。這位菩薩以甚深的般若（智慧）來觀照五蘊，知道五蘊本就是空的。由於證悟了空性，一切的苦難對這位菩薩而言都超越了。

我們佛教徒有很多人會念〈白衣大士神咒〉，此咒的後面是這樣說的：「人離難，難離身，一切災殃化為塵。」怎麼有這樣大的力量呢？是因為咒中稱念了觀世音菩薩名號的緣故。本經的觀自在菩薩，就是觀世音菩薩，所以我們一心念《心經》也能夠「人離難，難離身，一切災殃化為塵」。但是，話又說回來，如果念的人未能徹底了悟空義，那麼災難只是暫離開，以後難保不會再來。

觀自在，觀什麼自在？只要用修行的方法觀照，就能夠得自在，從《楞嚴經》裡我們知道，觀世音菩薩的修行法門是耳根圓通，也就是因聽聲音而入三昧，因聽聲音而解脫自在。這個「觀」，可以用耳朵、眼睛、鼻子，也可以用身體。不過從修行的方法來講，用耳朵來「觀」，最容易讓我們去煩惱證菩提。

我在指導禪七的時候，如果有人打坐著魔，不由自主地哭笑吵鬧，通常我都教他躺下來，把眼睛閤上，心裡什麼都不要想，只用耳朵靜靜地聽，聽四周的聲音，遠處近處各種聲音，不需多久，他就會安靜下來。所以用耳朵聽，是最容易使心安定的修行方法。

菩薩，是梵語「菩提薩埵」的略稱，中文的意思是「覺有情」，又譯為「大道心的眾生」，即「已發了大菩提心的眾生」。菩提心有大有小，發小菩提，是但求自了，只求自己解脫的小乘人；而發大菩提心，則是發廣度一切眾生的願心，以助眾生得解脫、成佛道為目標，並非只求個人解脫的大乘行者。

事實上，唯有不顧自己，只關心別人，只度眾生，不為自利，才是真正自在解脫的法門。為什麼呢？因為他去除了以自我為中心的自私心。人的煩惱都是從自我中心的意識而產生，真正發大菩提心，不為己而為眾生的人，才能真正得到解脫，而且是得大解脫。所以諸位要學佛，就要發大菩提心。

行深般若波羅蜜多時，照見五蘊皆空

這兩句經文是說：修行甚深的般若法門之時，照見我及我所的五蘊法，畢竟是空的。

梵語「波羅蜜多」，是「超度」、「到彼岸」的意思。用現代語來講，就是「超越」。「般若」也是梵語，中文譯為「智慧」。「行深般若波羅蜜多」，就是以深廣的智慧來超越煩惱的障礙。

智慧可分三等：1.世間的智慧；2.出世間的智慧；3.世出世間的智慧。

世間的智慧，係指凡夫的聰明才智，亦即以自我為本位而發展出的各種學識經驗和價值判斷，這種出於「我執」的產物，不能徹底究竟，也無法獲得解脫。

出世的智慧，是指小乘聖者的智慧，能證人無我，能出三界苦，已得解脫樂；不過尚未證得法無我，所以執著離世間而入涅槃，只能自求了脫，不能普度眾生。

至於世出世間的智慧，乃是大乘菩薩的智慧，既證人空（即人無我），也證法空（即法無我），得大解脫而不離世間，這才真是大智慧、深智慧，這也才能稱之為「般若」。

菩薩修行，有所謂「六度」法門，又稱作「六波羅蜜多」。即一布施、二持戒、三忍辱、四精進、五禪定、六智慧。這六度裡，若無智慧度（即般若波羅蜜多）貫串其間，其他五度便不得究竟，所謂「五度如盲，般若為導」就是此意。故智慧為菩薩修行的終極目標，唯有修得智慧，才能度脫一切苦厄，而這個智慧的著眼處，就是先要把五蘊看空。

什麼是「五蘊」呢？簡單地說，五蘊就是：色蘊、受蘊、想蘊、行蘊、識蘊，是吾人身心的總合。色蘊是指生理的、物質的現象，受、想、行、識四蘊是指心理的、精神的活動。

五蘊皆空的「空」是什麼意思呢？中國人常把佛門叫作「空門」，出了家就叫

「入空門」，但許多人不了解「空」的意義。

就如一首〈醒世歌〉，開頭是：「天也空，地也空，人生杳冥在其中。」然後說什麼：「夫也空，妻也空，大限來時各西東。」「母也空，子也空，黃泉路上不相逢。」末了說：「人生好比採花蜂，採得百花成蜜後，到老辛苦一場空。」這樣子看人生是多麼失望、多麼空虛啊！

佛法的「空」絕不是教人消極、逃避和否定一切的；相反地，它是從空性中教人正視生命的意義，不斷地努力向上。以下我從三個不同層次的比較來說明大乘佛法的「空」：

（一）頑空：這個思想又可分兩種，一是虛無主義，另一是唯物主義。

虛無主義者認為世間沒有真實的事物，沒有因，也沒有果；沒有過去，也沒有未來，一切都是現成，所以不需要努力，也不必害怕，反正有的一定會有，沒有的就算再努力也不會有；而該來的一定會來，即使不努力也一定會來；而且有與無，來與不來，皆無實在的價值，生時感到空虛，死後一切歸於幻滅。這是一種很可怕的思想。

至於唯物主義，則以物質世界為唯一的真實，一切都依附物質而存在；認為人活在世上的時候，是有的；當人死了，就像油盡燈滅一樣，什麼都沒有了。所以應趁有生之年好好努力，就會有收穫。

這或許有些正面的意義；不過人生無常，如果努力一生等不到收穫就死了，那豈不冤枉？因此有人認為這世上只有那些運氣好、很聰明的人才需要努力，其他的人則無必要。例如我們對人好一輩子，到頭來卻得不到好報應，那又何必要對別人好？所以，唯物主義會造成少數人拚命努力，多數人懈怠苟且的危機。

甚至心想反正死了以後什麼都沒有了，不需要對未來負責，管他流芳百世或遺臭萬年都與我不相干，追求今生的享樂才是最實際的，因此凡事先下手為強，寡廉鮮恥，不擇手段，為人類造成無止盡的災難。

（二）偏空：是指小乘的聖者所證的「空」。他們觀察思惟世間所有的現象，都是暫生暫滅，不停地遷流變化，因緣聚則生，因緣散則滅，絕沒有什麼不假因緣、永恆不變的事物，特別對人的身心現象——五蘊的無常、苦、空、無我體證深刻，所以捨離五欲，勘破自我，而得到了解脫。

由於他們對世間有著很強的厭離心，認為世間充滿顛倒、汙濁與苦痛，不願留下來受苦，證人空而未達法空，便汲汲趣入涅槃，了生脫死。這種偏空的思想中，生死與涅槃、煩惱與菩提是對立的，離了生死才能證得涅槃，斷了煩惱方可獲得菩提，明顯表現「獨善」、「出世」的精神。

（三）畢竟空：是指大乘菩薩所證的「空」。已發菩提心的菩薩，雖知道世間是無常、是空幻的，可是他們不忍心任由廣大無邊的眾生貪著五欲，沉淪於生死苦海，所以發願度眾生。這些菩薩，本身對於世間的五欲已不執著、不貪求，所以對這世間也無需逃避，依然生生世世留在世間關懷眾生、幫助眾生，讓所有眾生都能證得無餘涅槃。這種「空」，是空去對自己身心的執著，也空去了對一切現象的執著，轉生出救濟眾生、無我無私的悲心與願力。

度一切苦厄

菩薩用甚深的般若智慧來觀照五蘊，如實證見自己的身心是空的，當下就能夠度脫一切苦厄。

何謂「一切苦厄」？我們先說「苦」。苦有三大類：一是身體的苦；二是心理的苦；三是身心交織的苦。身體有生、老、病、死四種苦，這是從生到死之間的四個現象。人，出生了以後就會病、會老、會死，過去生我們記不得了，今生我們還沒有死，可能不知道死苦是什麼滋味，但當我們看過別人死的情況，就可明白死亡不會是一件快樂的事。

至於心理的苦有三種：即求不得苦、怨憎會苦和愛別離苦。例如世人求陞官發財、求婚姻美滿、求子孝孫賢等，能有幾人如願以償？這就是求不得苦。再如世間的事很奇怪，自己所討厭、不喜歡的人，在甲地避不見面了，偏在乙地碰了頭，而且常因情勢所逼，非在一起不可。俗話說：「冤家路窄。」這便是怨憎會苦。至於愛別離苦也是人間常有，其中最痛苦的，莫過於親子之愛、夫妻之情，因為生離死別而腸斷心碎，魂牽夢縈。

更且由於凡夫眾生把身心的現象與活動執著為我，在自我意識的驅動下，生生世世地造業，再生生世世地受報。這種生命輪迴，不斷地造業、受報，稱為「五蘊熾盛苦」，這是身心合起來的苦。總計上述有八種苦，我們叫它作「八苦」。

至於「厄」，則是執著五蘊所招感的一切災難。例如：水災、火災、風災、地震、毒蟲猛獸等天災，以及刀兵、盜賊、惡政等人禍。刀兵是指戰爭，惡政是指昏闇殘暴的政治，像中國歷史上的夏桀、商紂、秦始皇，以及西方的羅馬皇帝尼祿、俄共頭子史達林等所施行的暴政。古人說「苛政猛於虎」，苛暴的政治比老虎還可怕，以致在亂世裡，許多人寧可冒著被老虎吃掉的危險而躲到深山裡，也不願意留在平地受官吏的迫害。我們把身心的現象計執有我，就難免要受這些天災人禍的恐懼和痛苦。

但願大家能常念「觀世音菩薩」，朝念觀世音，暮念觀世音，念得身心放空，念得自我中心、自私自利的觀念不再生起，那麼就一定可以「人離難，難離身，一切災殃化為塵」了。

本論

（一）人類觀——五蘊→五蘊皆空——人的本身即解脫自在

舍利子！色不異空，空不異色；色即是空，空即是色；受、想、行、識，亦復如是舍利子，即《阿彌陀經》裡面所稱的「舍利弗」。「弗」是梵語，譯成中文就是「兒子」的「子」。「舍利」原本是印度的一種鳥，這種鳥眼睛非常明銳，舍利弗的母親眼睛明銳得像舍利一樣，所以取名為「舍利」。她這個兒子從母得名，所以叫「舍利子」。

人是由五蘊所成，我們若能如實觀照五蘊本空，那麼，雖有身心的現象，也能夠生活得解脫自在。然而要把五蘊看空，必須用智慧。用智慧看五蘊怎麼看法呢？觀世音菩薩對釋尊的弟子，被稱為智慧第一的舍利弗尊者說：「舍利子啊！色之於空，並沒有不一樣，空之於色，也沒有不一樣；色就是空，空也就是色。」

這裡的「色」，就是五蘊中的「色蘊」，屬於生理的、物質的現象。其餘受、想、行、識四種，是屬於心理的、精神的活動，它們與空的關係，和色蘊完全一樣。也就是在本經「色不異空，空不異色；色即是空，空即是色」之下依式寫成「受不異空，空不異受；受即是空，空即是受。想不異空，空不異想；想即是空，空即是想，……識即是空，空即是識」，不過為免繁贅，只用「受、想、行、識，亦復如是」一句概括了。

我們再進一步問，何謂「色不異空」呢？「色」在這裡是指我們的身體，是由「四大」互為因緣和合而成。一般不懂佛法的人，聽到「四大」就以為是指酒、色、財、氣，其實這是牛頭不對馬嘴。四大乃指地、水、火、風，是物質界的四種特性，因為這四種特性在世間極普遍而作用又極大，所以稱為「四大」。

地大表現的是堅硬性，如身上的骨骼、肌肉、血管、神經、皮膚、毛髮、指甲等等；水大表現的是濕潤性，如血液、淋巴液、唾液、汗、尿等等；火大表現的是溫熱性，就是我們的體溫了；風大表現的是流動性，如呼吸和血液循環。

由這四種特性的物質和合而成的色身，必須每天攝取食物、補充水分，經過消化、分解、吸收以維持體力，而體內的廢物則以糞、尿、汗水的型態排出體外；這些新陳代謝的活動都是一刻不停地進行著。根據生理學者的研究報告：每六至七年，我們身上總數約六十兆個細胞就全部更換一次；也就是說六、七年之間，我們身上的所有細胞至少經過一次生死。像這樣剎那剎那不停地變化，幾十年之間，身體組織就變老了，今天生這個病，明天鬧那個痛；當有一天，救治不了，這條命便報銷了。

所以凡夫眾生執為實有的這個身體，殊不知從因緣的觀點來看，它是四大和合，一息不停地變化，根本沒有獨存性、不變性與實在性，只是「假有」——暫時的有，空幻而不真實，一旦和合的關係結束了，身體也就隨之死亡、朽壞、消失。這就是「色不異空」的道理所在。

可是，倘若僅僅抱持一味「色不異空」的觀念，三世論者會流於小乘聲聞的「偏空」思想，而一世論者則會墮入可怕的虛無主義了。因此下文要緊接上一句「空不異色」。前句以因緣滅故，色不異空；後句以因緣生故，空不異色。色不異空，所以能見有如空，在生死不異，住解脫自在。空不異色，所以能住解脫自在，但不離現實生死界，這就是大乘菩薩了。

這裡我們要注意到，「空」是因為有「色」才知道有「空」，離開了「色」來說「空」，不是真的「空」。例如農禪寺的大殿，本來空無一人，現在卻有這麼多人；農禪寺真的有這麼多人嗎？其實本來沒有，待會兒又不見了。也就是說，本來沒有人，而現在卻有人了；當它有人的時候，的確是真的有人；但是我們知道，等一會兒這些人會散去不見的，由此可見，「色」與「空」本來就是相即而不相離的。同理，我們的色身，在母親懷我們之前是沒有的，是在「空」中，而現在是活生生的軀體，其實它本不自有，而將來死了，又消失不見了，像這樣，即「色」而顯「空」，才是「真空」。

如果只說：「色不異空，空不異色。」可能有些人聽了，以為色與空雖不相離，可是色是有，空是沒有，色與空畢竟是有別。所以觀世音菩薩接著告訴舍利子說：「色即是空，空即是色。」這是說：我們的色身，無非是以四大為因緣而起生滅變易的延續現象，真觀色身的本身就是無常（非不變的）、是無我（非獨存的），合而言之就是空的（非實在的）。反過來說，這無常、無我的空相，絕非一無所有的空，而是因緣而生，宛然存在的身體。如此，色與空，空與色，只是一體兩面的說法，彼此是沒有分別的。

可惜世俗凡夫不明白這個道理，他們執「色」為有，亦即執著自己實有這個身體，因而纏縛了種種的煩惱不得自在。為什麼呢？例如：我的太太跑掉了、我的錢被倒了、我的房子被燒了、我患了高血壓、我挨了別人一拳、我被毀謗了、我要死了等等。也許有人認為毀謗是名譽受損，與身體無關，其實人的名譽還是需要有身體做為對象。總之，如果你執著這個身體，放不下、看不透，這些就成了你的煩惱和痛苦。所以這種人被稱為「具縛凡夫」。

至於小乘行者也是未了達即色即空、即空即色的大乘空慧，固然體證了色身是空，放下了對色身的執著，卻沒有放下對法的執著，所以急欲出離世間，趣入涅槃，這一期生命結束之後，再也無需也不想接受另一個色身，這種一味「耽空滯寂」，我們稱之為「偏空」。

講完了「色蘊」，接著我們講另外四種屬於心理的精神活動，即「受、想、行、識」四蘊。這四蘊也莫不一一皆如色蘊，是如幻不實，緣起而性空，性空而緣起的。

受蘊——「受」是領納的意思。是我們身體的官能，即眼、耳、鼻、舌、身等五根，與外在的環境（色、聲、香、味、觸）接觸所產生的種種感覺，可分三種：苦、樂、捨。苦受是不舒服的感覺；樂受是舒服的感覺；捨受則是不苦不樂，純粹是感覺而已。

想蘊——是與外境接觸而產生的認識作用，即對於外境的了解、聯想、分析和綜合等等心理活動。

行蘊——是與外境接觸之後，心理所起的對策。例如你搭乘公車，車內很擁擠，突然被人踩了一腳感覺很痛。這個痛覺，就是「受」。於是你趕緊抬起頭看是誰踩了你，噢！是個急著想找座位的胖婦人，這是「想」。這時，你決定瞪她一眼，還是埋怨她一句了事，或者向她說：「對不起！我的腳把妳嚇了一跳。」這種決定處理事情的意志、意願，叫作「行」。

識蘊——是指對外境（色）以及因外境而起的感覺（受）、認識（想）、意志（行）等活動能起了別識知作用的心之本體。所以「識」統攝了一切心理的活動。由於無明所覆，凡夫對於身心自體以及身心所依的外境，有著強烈的愛執染著而造作種種善惡行為，積聚成為業識，由是依業受報，生死死生不得解脫。所以這個「識」是連貫凡夫生命之流的主體；這個主體絕非如一般神徒所相信的那種永恆不滅的「靈魂」。它不停地積聚業種，也不停地隨緣現行，好比棧房一樣，貨物搬進搬出，變動不已。不僅前生與今世，今生與來世識蘊質量彼此不同，即使一念之間也前後不一了。

所以，凡夫眾生的心理的、精神的活動——受、想、行、識四蘊，也和色身一樣是如幻不實，緣起而性空、性空而緣起的。

因此，經文的「色不異空，……亦復如是」也可以併寫成四句，即「五蘊不異空，空不異五蘊；五蘊即是空，空即是五蘊」。

既然五蘊是空，五蘊非我，那麼其他的人，乃至一切眾生，也都無非是緣起幻現，了無真實的自性可得。從如此甚深的空慧之中即能發起大菩提心。

一位大乘菩薩持一切淨戒，修一切善法，度一切眾生，且如《金剛經》上所說的：「我應滅度一切眾生，滅度一切眾生已，而無有一眾生實滅度者。」造作如此大的功德，卻不覺得自己做了什麼功德。為什麼？就是因他具備了無我相、無人相、無眾生相、無壽者相的般若智慧。

總而言之，心理的活動，在凡夫來說叫作「受、想、行、識」；在佛、菩薩的境界則叫作「後得智」，是「大用現前」，是大慈悲、大智慧。而構成身心的「五蘊」在佛、菩薩的境界，就成了化身、神通、慈悲與智慧。

或許有人以為：我又不是菩薩，聽這些做什麼？諸位居士，我們雖然不是大菩薩，但是既然信仰了三寶，希望將來成佛，就一定要先從學做菩薩開始，曉得菩薩是怎麼看待五蘊的，對自己時存慚愧之心，對菩薩常生仰慕之心，所謂：「高山仰止，景行行止，雖不能至，心嚮往之。」今生做不到像賢位聖位菩薩那樣，只要願心不失，來生還可以繼續努力，所以我們要發願心，發阿耨多羅三藐三菩提心，發畢竟成佛的心。

（二）宇宙觀——五蘊、十二處、十八界——人在宇宙中即解脫自在

舍利子！是諸法空相，不生不滅，不垢不淨，不增不減

上面這一節經文，是宇宙觀的總論。佛教的宇宙觀包括五蘊、十二處、十八界，說明人在宇宙之中就是解脫自在。

何謂「宇宙」？古人說：「上下四方曰宇，往古來今曰宙。」所以「宇宙」就是指無限時空中的一切事物。誰能夠知覺時空的存在呢？主要是人類。人類透過多種官能，如視覺、聽覺、嗅覺、味覺、觸覺、動覺、平衡覺的協同活動，再加上經驗；以此認識事物的深度、形狀、大小、顏色、運動以及與自身的相對位置等等，因而知覺到空間的存在；同時，人類經驗著外界事物各種持續不斷的變化現象，如晝夜更替、夏去冬來、生命的生死枯榮，乃至自身生理的周期現象等等，而知覺到時間的存在。人類根據空間與時間的知覺而論究宇宙的原理所提出的觀念，就叫作宇宙觀。

觀世音菩薩繼續對舍利子說：「是諸法空相，不生不滅，不垢不淨，不增不

滅。是故空中無色，無受、想、行、識。」

「是諸法空相」的「諸法」即五蘊法，包括一切物質與精神；佛法的名詞稱為「色法」和「心法」。前面是以人類身心的五蘊法來觀空，本節則是以時空現象的五蘊法來觀空。從時間的立場來看事物，叫「生滅」；從空間的立場來看事物，叫「增減」；從凡夫的立場來看時空的現象，則有欣喜和厭惡，欣喜的叫作「淨」，厭惡的叫作「垢」。因此從凡夫位所看到的宇宙，無非是生滅、增減與垢淨。然而以佛法的觀點而言，一切都是「不生不滅，不垢不淨，不增不滅」的。什麼道理呢？我們依序來說明。

世間的事物，從無變有叫作生，從有變無叫作滅；生與滅，以凡夫的知覺而言，是真實而不假的。但是換作佛法的立場，則生與滅其實都是暫時的，不是生了就永遠生，滅了就永遠滅，因為「生」只是由於各種因素的配合而顯現，「滅」也不過是由於各種因素的解散而消失。所以，生，並非真的生；滅，也不是真正沒有了。

我在美國認識兩位太太，其中一位年紀較輕，生了一個女兒，我向她道喜，她竟然說：「生等於無生。」我讚歎她：「真了不起！妳怎麼知道生等於無生？」她說：「現在的小孩到十六歲讀高中時，就不再依著父母，要找他們也不容易了，所以我只是把她生下來養著，將來離開之後，便等於沒有了。」這位太太學佛，學得真是不錯哦！

另外一位太太快五十歲了，她有一個兒子，大學剛畢業，突然患心臟病死去。她痛苦得受不了，一直找我問：「師父！我的孩子在哪裡？你能不能教我修行，修到讓我可以見到我的兒子，只要再見一面，我就甘願啦！」老年喪子的悲痛是可以想像的，特別是沒有心理準備的情況下，所以我總是安慰她，但每次她都不死心。最後一次又要求我：「師父！能不能用你修行的道力，把我兒子找回來讓我見一見？」我就對她說：「以佛法來看，如果妳的兒子在生時沒做什麼壞事，死後不是生天，就是再轉生人間；要是做了大壞事，現在已經入地獄或轉生畜生道去了，即使牽亡魂的人要找他也找不到了。假設他已生天，天人看人間是又髒、又臭、又腥、又亂，他絕不肯回來受罪的。萬一真的有人幫妳把他的靈魂召回來，可能那不是妳的兒子，而是個魔鬼。」

她聽了嚇得瞪著眼說：「那就不要找了！」我又問她：「妳兒子做過什麼大壞事嗎？」她搖頭說：「沒有。」又問她：「那有沒有做過大善事？」她再搖頭說：

「也沒有。」「那麼，可能他又投生人間去了。」她愣了一下，說：「又投生，又變成另一家的兒子囉？」我舉個例問她：「太太和丈夫離婚，離了婚的丈夫是否還是丈夫？」「不，應該叫作前夫。」「前夫死了沒有？」「沒有，但不再是丈夫了。」我再問她：「妳兒子死了又投生，該怎麼稱呼？」她想了想，說：「我的前子。」「前子是不是妳的兒子？」「不是。」我說：「既然不是妳的兒子，妳還要叫他回來，實在沒有道理；這等於是前夫再婚了，而你還要他回來，太不合理。」

雖然宇宙之中的物質和生命現象，都是有生有滅，但是若把時間的距離延伸，與因緣配合來看的話，則並沒有真的生與滅。所以經文告訴我們：「不生不滅」。

「不增不減」是就空間的質量與數量而言，質量有多有少，數量有增有減。舉人口為例，臺灣有二千零七十多萬人口，臺北市有將近二百七十萬人，北投一區有二十多萬人，人口很多，但是如果來一次瘟疫或戰爭，人口馬上會少，這是增、減。不過，構成我們人體四大（地、水、火、風）的元素是取自地球，人死後四大分離，元素又回歸大地。從地球的物質成分或數量來算，不管人口增減多少，都沒有離開地球，所以地球的質量是不增不減。

就生命的精神體而言，地球起初沒有生命，現在地球上的眾生是從他方世界轉移到地球來接受共同的業報的。換言之，由於有共同的因緣而到相同的世界裡來。世界不只是地球而已，佛教所說的世界廣大無邊，眾生在各世界中來來去去。在此處造惡業，到彼處去受苦報；造善業則可能生天，或隨願生西方極樂世界、東方琉璃世界，或再投生人間仍做地球人。因此，從全體空間而言，亦是「不增不減」。

所謂「不垢不淨」，「垢」與「淨」是我們凡夫對時空諸相所生的執著，產生喜歡的心就說「淨」，不喜歡就說不淨，也就是「垢」。俗諺說：「情人眼裡出西施」就是最明顯的例子。戀愛中的男孩，由於主觀的感情因素，常把對象看成仙女下凡。不過，這種主觀也非永遠不變，婚前她是「仙女」，等到婚後，距離感沒有了，吸引力消失了，昔日眼中的「仙女」往往就變成「母夜叉」和「黃臉婆」了。可見同樣的一個人，在不同的時空環境看待相同的人事，感受是會變化的，它是出自人的妄想與執著，並沒有真正的垢與淨。

所以，五蘊法是空無自性的，沒有時間相，沒有空間相，也沒有所執相。

是故空中無色，無受、想、行、識。無眼、耳、鼻、舌、身、意；無色、聲、香、味、觸、法；無眼界，乃至無意識界上面這一節經文，是宇宙觀的別論。

「是故空中無色，無受、想、行、識」，句中的「空」是指「照見五蘊皆空」的「空」性。這是承接了上面宇宙觀的總論而說：「因此在空性之中，是沒有色、受、想、行、識等五蘊的。」既然沒有，就不用害怕、不用逃避，更不會執著它了。只是那些抱著偏空思想的小乘聖人，未能看透這點，急著要離開這個五蘊法的世界，好比儒家說的「敬鬼神而遠之」的作法一樣。殊不知個人雖然躲開了鬼神的纏擾，但是鬼神以及鬼神的作用，在他的心裡永遠還是存在著的。

既然五蘊法即是空，空即是五蘊法，那麼屬於五蘊法的另外方式的分類——十二處、十八界，自然也是空的，經文說「無眼、耳、鼻、舌、身、意；無色、聲、香、味、觸、法」，前六項主要是指人類身體的官能，後六項是官能與外界接觸的對象，前後的十二項都屬物質體。

眼、耳、鼻、舌、身、意，眼是指視覺神經，耳是指聽覺神經，鼻是指嗅覺神經，舌是指味覺神經，身是指觸覺神經，意是指大腦所司的記憶、分析、思想等等功能的神經，總稱為「六根」，六根個別接觸的對象為色、聲、香、味、觸、法，稱為「六塵」。

六根組成身體，又名「根身」；六塵組成我們生活的環境，又名「器界」。六塵中的法塵，是指語言、文字、思想等種種的符號，即能使我們用來記憶、分析、思想的符號都可以叫法塵。

六根與六塵加起來合稱為「十二處」，是五蘊法中的「色法」。那為什麼叫「處」呢？處是指所依託的地方，意思是說：經由依託而能產生另外六種東西的地方，這六種東西，就是「六識」。能使眼睛看到物體、耳朵聽到聲音等等而產生認識的作用，即前面說過的，屬於受、想、行、識等心理、精神的活動。

所以如果沒有六識的話，就不會有對宇宙和生命的體驗和認識。試想，如果只有六根而沒有六識，那就成了死人或植物人；要是只有六塵而沒有六根，則這個世界對你來講是不存在的，因為既然沒有六根，怎麼知道有六塵？人的六根不起作用，儘管世界仍在，但對死人而言等於不存在。因此，人死了若沒有福報和神通，就根本無從辨識這個六塵的世界，想碰我們也碰不上，所以諸位怕鬼的人，膽子可以放大一點了！

六識屬於「心法」，即五蘊法中的受、想、行、識。六識中的每一識都與識蘊有關，但五蘊裡的識蘊並不等於六識中的意識。眼、耳、鼻、舌、身、意六識任何一識所產生的功能，成為業力，此業力才是五蘊裡的識蘊。

綜合來說，佛教的宇宙觀是推源於五蘊，五蘊的物質部分（色蘊），可分析成十二處；五蘊的精神部分（受、想、行、識等蘊），可分析成六識。把六根界、六塵界、六識界合起來總稱為「十八界」。界，即範圍、界限的意思，表示每一部分各有其一定的概念範圍和功能定義。

上面所講的「蘊」、「處」、「界」是佛教宇宙觀的三大科。菩薩用甚深的般若智慧來觀照的結果，五蘊是空，十二處、十八界當然也是空。因為空，故一切「有」能依空而立，這叫「真空妙有」；大乘菩薩就是憑這個不著空、有兩邊的中道智慧，離一切相，度一切眾生。

（三）人的三世因果觀——人在生來死去中即解脫自在

無無明，亦無無明盡；乃至無老死，亦無老死盡。無苦、集、滅、道。無智亦無得

「無無明，亦無無明盡；乃至無老死，亦無老死盡。」此乃說明十二因緣的流轉和還滅也是離不了空性。

從無明到老死一共有十二個階段，顯示生命的過去、現在、未來三世流轉的過程，這是佛法裡很重要的理論和觀念。佛法講眾生，是包括六道中的一切眾生，而十二因緣則是專從人的立場來看。因為諸佛世尊皆出人間，只有人才能信佛學佛，才能得解脫自在。十二因緣是：無明、行、識、名色、六入、觸、受、愛、取、有、生、老死。其中「無明」和「行」屬於過去世。「識」屬於過去到現世的主體，故跨越過去世與現在世，乃至未來世。「名色」到「有」屬於現在世，最後的「生」和「老死」屬於未來世。「老死」以後又再「生」，「生」一定又從「無明、行、識……」流轉不已。

「無明」為生死的根本，它從無始以來就有，不是上帝給的，也不是因為自己曾經做了什麼壞事。眾生一開始就是眾生，唯其本質可以成佛。如金礦裡的金子，本來是夾雜在礦石之中，只要將石頭洗鍊，金子就會顯現，無明如礦中之石，故有無明就不是佛，而是煩惱的眾生。何謂煩惱呢？煩惱就是由貪欲、瞋恚、愚癡所衍生的種種心理現象；再由這些心理現象，表現種種的身心行為，造作種種的善惡諸業，這叫作「行」。

當一期生命結束了，生前的種種善惡諸業便積聚成一股很強的力量，讓他去感受果報，而投為新一期的生命主體。這個生命主體叫作「識」，和五蘊中的識蘊是同一個東西。當人在轉世投胎的剎那，他的「識」加入父精母血（即受精卵）而成為「名色」；「名」是指識，「色」是指受精卵。入胎之後，一、兩個月之間，胎兒的眼、耳、鼻、舌、身、意等官能即慢慢形成，這稱為「六入」；「六入」，也就是「六根」。

當胎兒出生之後，他的六根就與外界的六塵接觸，這就是「觸」。觸之後會產生苦或樂的感「受」，於是喜歡的就想追求，不喜歡的就想擺脫，這些一併叫作「愛」。當「愛」的心理活動付諸行為，成為事實，便叫作「取」。在追求或擺脫的過程，不免又造作了種種的善業和惡業，於是，便又有了未來受生受死的果報之身的因，這叫作「有」。

所以「有」與前面講過的「識」，是一樣的性質，所不同的，「識」指的是今生投胎受報的因，「有」指的是來世投胎受報的因，如此而已。於是，憑著這個「有」，來世又去受「生」，然後「老死」，就這樣，三世因果生死流轉的關係，像一根鏈條，老死以後又生，生以後又老死，……永無止期。

從小乘的觀點看，十二因緣流轉，就是生死不已；十二因緣的還滅，就是了脫生死，不在生死之中，進入涅槃。生死怎麼來的？其根本是因「無明」而生，有生就有老，有老就有死；若沒有「無明」，就不會生，不生，也就沒有老、死，所以小乘要斷無明了生死。

然而，大乘菩薩則有更深徹的智慧觀照。如前所述，既然現前的諸法都是空是假，則十二因緣所呈現三世流轉的生命現象，亦不離五蘊諸法的生滅，所以當然也是空的、假的，生死的根本無明既是空的假的，就不必去斷無明；而從無明以下的行、識、名色到有、生、老死，也都一一是空是假，故也不需去了生死。

換言之，當一位大乘菩薩徹見十二因緣的流轉相是空的，那麼十二因緣的還滅，也就跟著不存在了。所以說：「無無明，亦無無明盡；乃至無老死，亦無老死盡。」句中的「盡」，是還滅的意思。因此，對大乘菩薩而言，「煩惱即菩提，生死即涅槃」，了悟空性之後，既不戀生死，也不厭生死，不被生死所縛，自在於生死之中。

經文接著說「無苦、集、滅、道」，這是指明三世因果的流轉生死與生死的還滅，也是離不了空性。「苦、集、滅、道」叫四聖諦，是原始佛教的基本教理。

「苦」，生命的現象就如苦海，有三類八種，這在前面講「度一切苦厄」的時候說過了。「集」是指苦的原因，人因無始以來的貪、瞋、癡等煩惱，而驅使身、口、意去造作各種善惡業，由此善惡諸業積「集」招感各種苦的果報。一邊接受苦的報應，一邊又造下新的生死之業。所以，造業而受報，受報而造業，周而復始，永無了期。受報是苦諦，造業便是集諦。如果不想再受苦，就要修「道」。在修道過程中，漸漸地不再造苦因，終究才能「滅」苦。

由此可知，集為苦之因，苦是集之果；道為滅之因，滅是道之果。集與苦為世間因果，道與滅是出世間因果。

我們學佛就是要斷除苦因以達到不受苦的目的。「凡夫畏果，菩薩畏因」，前面說集是苦因，然而流轉生死的眾生為什麼會不斷地在造苦因呢？要找出根本原因來對治它才是「釜底抽薪」之道。

流轉生死的眾生不斷造作苦因的根源，是來自於無始以來的貪欲、瞋恚和愚癡的無明煩惱。例如遇到自己喜歡的東西，就拚命貪求，患得患失而不擇手段；娶了太太生不出兒子，就想再找一個太太來生；恐怕一個兒子不孝順，再生一個才安心。貪得無厭的同時，「順我者昌，逆我者亡」，樹立了許多怨家仇人，逞凶鬥狠，報怨復仇，你來我往；再如對事情缺乏正確清楚的認識或判斷等等，便使行為上造作殺、盜、淫等身業，嘴巴則造妄語、兩舌、惡口、綺語等口業。

所以不斷造業受苦的根本原因來自無明煩惱，也就是沒有智慧！那麼如何去開發智慧呢？必須修三無漏學和六度。三無漏學是解脫道的根本，而六度是菩薩道的基礎，也是三無漏學的開展。

三無漏學，就是戒、定、慧。六度，就是布施、持戒、忍辱、精進、禪定、智慧。戒與定是為了得無漏慧，有了無漏慧，才能斷除生死惡業，即不再造生死的苦因。

六度中的布施、持戒、忍辱和精進是戒的範圍。從菩薩的立場看，有能力布施而不布施，應該忍耐而不肯忍耐，可以用功而不用功，能捨而不捨，該做而不做等等都是犯戒。至於如何持戒清淨，那就要有禪定的工夫。修行禪定的方法有很多種，例如禮佛、拜懺、誦經、打坐、念佛、持咒等等。心安定才能真正持戒，才願發布施的心；心愈安定，煩惱愈少，智慧愈增長，最後就能得解脫。所以，解脫來自禪定和智慧之力。由持戒而離苦得樂，習禪定而得禪悅，修智慧而得法喜。諸位看，這有多好！能修戒、定、慧的人實在太幸福了。

依智慧而得自在，依三無漏學而得解脫，固然不錯，但是一個修行人如果心裡這麼想：「哦！我已經得解脫了。」「我已經有大智慧了。」或「我已經成為大菩薩了。」那就有問題了。在空慧的觀照之下，根本是無苦、無集、無滅、無道的，這樣才會不離生死而不受生死的束縛，才是真正的大自在。所以小乘說「苦、集、滅、道」，大乘菩薩則說「無苦、集、滅、道」。

經文接著說「無智亦無得」，這就更有意思了。有人一定會問：既然說沒有智慧可得，那就沒有可以證悟的目標了；沒有目標，我來修行做什麼？在前面的經文裡，各位已經知道了諸法是空，既然是空，那麼能觀照的智，和所證得的理，當然也是空，也就是無可執著。因此，「無智」才是真智慧、究竟的智慧。

「無得」，是說沒有什麼可以得到。有人說修行可得功德，修行可得智慧，修行可證道果，又說什麼四果、五果，乃至七果、八果，如果有果可證，就是一種執著了。現在外邊有人標榜自己已證三果、四果，說自己是聖人，這種人有大問題；把證悟當作一樣事實去執著，有一點宗教的體驗就生狂慧，是驕慢心。

所以遵守《心經》告訴我們「無智亦無得」的話來修行才是最正確安全的。我們中國的老子不也說了嗎？「大智若愚。」又說：「上德不德，是以有德；下德不失德，是以無德。」

（四）菩薩的境界——解脫自在的範例

以無所得故

「以無所得故」的「得」是得什麼？從凡夫的立場看，世界是實有的。我們常說：「人身難得今已得。」得的是什麼身呢？是五蘊身。從凡夫來看，是有得的。因此，在這裡要把「無所得」的問題分下面三個層次來說明：1.世法的現象；2.聖道的修證；3.菩薩無所得。

1.世法的現象：凡夫看五蘊為實有，但從佛法的觀點來講則是空的。五蘊中的色蘊——十二處是空，五蘊的身心世界——十八界是空。由於色法的肉體和心法的精神皆是空，所以凡夫所得到的五蘊身等於沒有得到，故說「無所得」。十二處中的六根是身空，六塵是境空，如果我們認為六塵是空，那六根就沒有作用；反之，知道六根是空，則六塵就不會影響我們。

若真的體驗到不受六根、六塵所動，就不會因六塵而使六根引生貪、瞋、癡的煩惱，這叫作「六根清淨」。這種情形，就是當六根對六塵時，好像鏡子照著面前的事物，影像在鏡子裡清清楚楚，但鏡子本身一無所動，不受影響，這就是「心空」。此時的六識已不稱六識，因為它不再以情欲反應外境，而轉為以智慧來處理外境，六識變成了智慧。

2.聖道的修證：此即指四聖諦。集、苦是流轉生死，道、滅是生死的還滅；集、苦是緣生，道、滅是緣滅。執著緣生緣起的現象，不離生死，是凡夫的境界；而執著要遠離這個現象，不再生死，一心求緣滅，就是小乘的涅槃境界。

3.菩薩無所得：大乘菩薩則認為諸法空相，不生不滅，所謂緣生緣滅，對他而言，了無罣礙，所以連聖道也無，亦無智慧可用，既然無智慧可用，當然「無所得」。

智慧可分三種：1.世間智；2.出世間智；3.世出世間智。如果認為這三種智慧實有，那就有「能得」、「所得」。何謂「所得」？以世間智而言，得的是知識聰明；以出世間智而言，得的是四雙八輩；以世出世間智而言，得的是三賢十聖。

現在請問諸位，什麼人得世間智？是凡夫，其實有知識聰明也不錯。

什麼人得出世間智？是小乘聖者，所得的四雙八輩：初果向、初果、二果向、二果、三果向、三果、四果向、四果，就是把小乘的四果分成八個階段。

至於什麼人得世出世間智呢？是大乘菩薩，所得的三賢十聖，三賢就是十住、十行、十迴向；十聖則是指初地至十地的聖位菩薩。

從凡夫的立場看，上述這些修行階段是有的，佛經上也清清楚楚告訴我們是有這些的，但是從大乘菩薩的立場則說沒有。凡夫有得，小乘有得，而菩薩無得，所以要說「無所得」。

菩提薩埵

「菩提薩埵」即菩薩的全稱，梵文作bodhisattva，它的意思，舊譯為「大道心的眾生」，新譯為「覺有情」。我將它分為兩項來說明：一是原始聖典中所說的菩薩，二是大乘經典中所說的菩薩。

在原始聖典中的菩薩有兩個階段：一是指釋迦世尊從出生、修道，到成佛之前的時期，稱為菩薩。其次，在釋迦世尊往昔生中，一生又一生地以種種不同的形象和類別，捨生受生，受生再捨生，這樣的階段也稱為菩薩。「本生」裡記載釋迦世尊於過去生中，曾做過國王、做過太子、做過猿猴、做過烏龜，還有鹿、鸚鵡、象，乃至巨大的魚等等。

佛教將一切佛經分為十二種類，名為「十二部」，其中第六部叫「本生」，述說釋迦世尊未成佛前，生生世世以不同的身分、不同的眾生類別來教化廣度眾生的故事；另有一種專講佛弟子們在過去生中的種種因緣，則稱為「本事」。

下面舉幾則「本生」裡的故事：曾經有一個國家鬧旱災，當地的人民無食物可吃，已到人吃人的地步。後來連人肉也沒得吃，釋尊看到這樣悽慘的情況，就化身為一條巨大的魚，魚身像一座肉山，讓人剮他的肉充飢。由於被剮過的肉又會馬上長回去，因此他忍受了千刀萬剮的痛苦，終於把快要餓死的人民都救活了。另外，大家比較熟知的故事還有：「九色鹿」入河救溺水的人，度他發心的故事；「捨身飼虎」是說釋尊有一生曾身為某一國的三太子，在寒雪紛飛的山林中，看到一隻母老虎，餓得癱在地上奄奄一息，身旁尚有七隻出生不久的小老虎繞在母虎的四周要吃奶，如果母虎餓死了，那七隻小老虎也必跟著餓死。這位三太子發了大悲心，用乾竹刺頸，走近母虎，讓母虎舐他的血再吃他的肉，結果因此救了母虎和七隻小虎的生命。

捨己利人的就是菩薩，但在原始聖典中，被稱為菩薩的只有釋迦牟尼佛和彌勒菩薩，彌勒菩薩是繼釋尊之後下一尊將在娑婆世界成佛的菩薩。

大乘聖典中有四種人被稱為菩薩：第一，諸佛在尚未成佛前的因地，都稱菩薩。第二，凡人從初發菩提心到成佛前的階段，也稱菩薩。例如經中記載過去劫中，有國王在世自在王佛所出家，號法藏比丘，於佛前初發無上菩提心，就是菩薩，他是西方極樂世界的教主阿彌陀佛的前身。第三，在《梵網經》、《菩薩瓔珞本業經》、《華嚴經》裡，皆把菩薩分成不同的階次，從凡夫菩薩到賢位、聖位、等覺、妙覺，共有五十二個階位，都稱菩薩。第四，於原始的《阿含經》中說菩薩要修六度，即六波羅蜜，又可延伸為十波羅蜜。凡夫修六波羅蜜，初地以上的十地菩薩每一地修一波羅蜜，稱十波羅蜜；而且每一波羅蜜又含攝無數的波羅蜜。波羅蜜即「到彼岸」、「超度」之意。用種種方法使眾生從生死苦難的此岸，到達不生不死、菩提和涅槃的彼岸。這些方法總計有八萬四千法門，所以六度之下常接兩個字——萬行，六度攝萬行。另外，又可以用四句話來含攝萬行，那就是〈四弘誓願〉：「眾生無邊誓願度，煩惱無盡誓願斷，法門無量誓願學，佛道無上誓願成。」

諸位，我們每天課誦時都念〈四弘誓願〉，這樣算不算菩薩了呢？當然算。可是，菩薩要像釋迦牟尼佛在因地的捨行一樣，難忍能忍，難捨能捨，做得到嗎？我們眾生非常可憐，人家稱呼自己是菩薩時，就滿歡喜的，但是要叫自己去行菩薩道的時候，就捨不得了。

曾經有一位居士受了菩薩戒之後回到農禪寺來，就自稱「本菩薩」如何如何。我想這個人真了不得，戒場一下子把他從凡夫變成菩薩了。我也不能說他錯，戒場的法師說：「受了菩薩戒就是初發心的菩薩。」本來沒什麼不對，但他找我時，竟然說：「師父，你比丘是小乘，我現在是菩薩，所以我是在家菩薩，你是出家羅漢。」我問他：「你的戒師是誰？」他說：「也是羅漢。」這就是沒有弄清楚，菩薩有在家，也有出家菩薩；沒有說做了菩薩就不准出家，這是沒有道理的。

另有一位居士對我說：「菩薩一定是在家人。」我說：「菩薩也有出家人。」他搖頭說：「不，在家人。」我再問他：「你怎麼證明菩薩是在家人？」他說：「觀世音菩薩有頭髮。」接著，他更提出怪論，說：「出家人應該拜在家人、拜菩薩。」這都不是正信的佛教徒，沒有真正懂得佛法。

須知大菩薩並無所謂在家、出家的分別，只不過有時示現在家相而已。事實上，菩薩多半示現天人相、梵天相，他們已離欲界的淫欲，沒有男女的性別，所以也就沒有在家出家的問題。只有欲界凡夫才有在家、出家，男男女女的問題。總之，我們人間只要發心捨己為他，就是菩薩了。

依般若波羅蜜多故，心無罣礙；無罣礙故，無有恐怖

「依般若波羅蜜多故，心無罣礙」是呼應前面的「行深般若波羅蜜多時，照見五蘊皆空」的意思，是說任何菩薩只要依般若波羅蜜多的甚深智慧，即證畢竟空、無所得，能超越諸苦，心中了無罣礙。

一切諸佛均以智慧為父、慈悲為母，其法身是依智慧與慈悲而生。以智慧自度，度一切苦；以慈悲利人，使一切眾生離苦；悲智雙運，自能遊刃於無間。

佛法中的智慧與慈悲是不可分的，有慈悲就一定有智慧，有智慧也一定有慈悲，如果有人自稱有智慧，卻沒有慈悲心，那他也絕不是真有智慧。因此，不能說

小乘聖者沒有慈悲，如果南傳佛教國家的佛教徒沒有慈悲心，南傳的佛教就不可能流傳到現在。

為什麼說「心無罣礙」呢？當一個人心中無所得，內在無我，外在無物，內外皆空，那還有什麼好罣礙的？心有罣礙，一定是先有自我，有自我就會放不下人，放不下事物；心外有人、事、物種種計較牽連，梗在心上丟不開，這就是心有罣礙了。假如心像萬里晴空一樣，無風、無雲、無雨，也無日月星辰，只是一片皎潔，不著一點微塵，這便是智慧，是心無罣礙。

請問諸位，如果心裡有愛人，這是有罣礙對不對？心裡有仇人也是有罣礙對不對？心裡有錢也是有罣礙對不對？那心裡沒錢算不算罣礙？也是罣礙。你心裡想：「我沒有愛人，也沒有仇人，我什麼也沒有。」這算不算有罣礙？其實說自己心裡沒啥事情也是一種罣礙，凡是心裡有計較、有執著，不管計執有還是無，都是罣礙。

我遇過好幾位單身的居士對我說：「法師，我跟您一樣喔！」前天有位日本教授也這麼說：「我在學你。」我問他：「你怎麼學？」他說：「我來臺灣，沒有把太太帶來。」他沒把太太帶來，其實心裡頭已把太太帶來了。而我呢？不管有沒帶，根本沒有太太可帶，也沒有太太可不帶。

所以，「人無罣礙」之意，並非執「有」才叫罣礙，執「無」也是罣礙。譬如有人說：「師父，我現在已經沒有煩惱了。」這就是煩惱，凡是相對的有和無，都是罣礙。

「無罣礙故，無有恐怖」。已證諸法皆空，心無罣礙的人，內既無我，外亦無物，便沒有能夠恐怖的自己，也沒有讓自己恐怖的事物了。

請問這個世上，誰在貪生怕死？是每一個「我」在貪生怕死啊！一般初學打坐的人，坐到心裡有安靜的感覺之後，就會有一種恐懼感產生，說不出是恐懼什麼？其實很簡單，人人都怕寂寞，所以打坐的時候，讓自己進入一個深不可測的精神世界，便會感覺非常地寂寞，再寂寞下去，不知會發生什麼事，心裡便很害怕。

所以誰在怕呢？是「我」在怕。這些人常會來問我怎麼辦？我告訴他辦法很簡單，只要不想過去，不想未來，不想自己，也不想他人；專心地用方法，這時就沒有什麼好怕的了。想到過去會捨不下，想到未來則無法捉摸揣測，所以會害怕。

佛經說，初學的菩薩有「五怖畏」，即：惡名、惡道、不活、死、大眾威德。

為什麼害怕「惡名」？因為沾了惡名，便會遭人鄙視、排斥、隔離，甚至冤枉，在社會上難以立足，所以古人說：「君子惡居下流。」就連壞人也怕別人說他是壞人，還想盡辦法為自己的行為辯護，裝作君子善人，要人肯定他、歌頌他。

害怕「惡道」，是指怕死後墮到地獄、鬼、傍生等三惡道去。其實在人間，有許多人已經像在地獄，行為已經像畜生、像鬼一樣了。

害怕「不活」，是指行布施不敢盡其所有，以免自己生活成問題。這跟窮與富沒有關係，有錢人也怕活不下去，好比愈大的魚需要的水愈多，因此貪心重的人，財產只能多不能少，一少就害怕，就活不下去了。很多人只能伸，不能屈；只能富，不能窮，尤其大富大貴之人，突然一夕之間落難變窮，就自殺了。本來他多少還有點錢生活，即便沒有錢，也不是活不下去，但是他卻害怕活不成而自殺了。這種人很愚蠢，大丈夫應該能伸能屈，能富貴能貧賤，如此才是真正學佛的態度。

另外是害怕「死」，死是人人都怕的。初發心的菩薩，雖然發了廣大心，突然要他捨身命，也一定會害怕的。

最後是害怕「大眾威德」，就是指在大眾面前，或有威德的人面前，心裡虛怯，不敢說法。

遠離顛倒夢想

「顛倒」是指不合理的思想和行為，如凡夫的我執與小乘的法執均是。

所謂我執，是指「常、樂、我、淨」的思想。「常」是永恆不變的意思。外道的神我思想認為死後會被上帝召回，跟隨上帝永遠在天國享福，這就是「常」。還有一般民間信仰以為人死如換衣服，衣服穿舊了，換件新的；衣服穿髒了，換件乾淨的。我們的軀殼肉體就像衣服，可以一生一生地換，今生穿牛皮，來世穿人皮，再下一世穿狗皮，而這些皮囊裡的性靈則永遠不變，這種思想也是「常」。

依佛法來說，我們的肉體固然會生、老、病、死，而我們的神識也一樣沒有固定不變的本體。由於我們的識蘊經常因業力的作用而變化，即使今世與前世都做人，也因識蘊不同而出現人格的差異，所以實際上根本沒有一個恆常不變的「我」。

「樂」即快樂之意。眾生皆有不同層次的快樂，螞蟻有螞蟻的快樂，糞蛆有糞蛆的快樂，狗有狗的快樂，人有人的快樂，上了天，天有天的快樂。從天人看我們人間的快樂，算不算快樂呢？當然不算。我們人看狗的快樂，算不算快樂？狗吃屎很快樂，我們人會去和牠同樂嗎？因此，既然不同的生命層次有其不同的快樂，那就沒有所謂真快樂。再從無常的角度看，世間的一切喜樂，如財富、尊榮、健康、聰明，乃至風調雨順、國泰民安等，雖然會使人感到滿足，但是到了變化的時候，苦就跟著到來，不能不說「諸受皆苦」了。

「我」是獨立自存的意思。依佛法講，一切存在的事物，都不過是因緣和合的暫時現象，絕沒有任何東西是可以獨立自存的。

「淨」，在凡夫的立場看，也是因層次而有不同，由於心理情況的差異，對相同的境界會產生淨或不淨的認識與感受。而人間的清淨，從天上來看，就變成了垢穢而非清淨。

所以凡夫認識的「常、樂、我、淨」都是顛倒見，有顛倒的思想就會產生顛倒的行為。到了小乘，則講「無常、苦、無我、不淨」，他們從常見無常，從樂見苦，知苦而知修道，修道至徹悟無我而得解脫。凡夫因為有「我」，「我」是無常的、痛苦的、不淨的，徹悟了「無我」固然是好，但此等聖人很可能因此而厭離人間，執「無常、苦、無我、不淨」，而汲汲要入涅槃。這種去了「我執」而未去「法執」還是不究竟，應該更上一層樓，修菩薩的境界，就是「非常非無常、非樂非苦、非我非無我、非淨非不淨」，這也就是佛法所謂的「中道思想」。「中道」就是既不執常，也不執無常；既不執我，也不執無我。

「夢想」是因為執著身和心的對立，自和他的對立，物和我的對立，乃至煩惱和菩提的對立，生死和涅槃的對立等等。在五蘊法中產生種種錯誤的想望，凡夫以我執為夢想，小乘以法執為夢想，大乘菩薩則已遠離我執法執的顛倒夢想。

究竟涅槃

遠離顛倒夢想之後，就「究竟涅槃」了。為什麼要加「究竟」兩個字呢？因為涅槃有三種：一是外道的假涅槃；二是小乘的真涅槃；三是大乘的究竟涅槃。

外道的假涅槃是「與神同在」、「神我合一」或一般人所說「天人合一」的境界。它可從兩種情形來體驗：一是以信仰、信心祈求上帝或神的力量的救拔，帶引他到天國，達到與神同在或與神合而為一的境界。二是以自己修定的力量，達到內外統一，體驗身心與天地宇宙原是一體，這就是神我合一的境界。

很多人說佛教教人消極逃避，事實上，信神的人才真正是逃避現實，他們信神，祈求上天國，再也不來人間了。至於入定的人，把自己融化在宇宙之中，自我與外界統一，像冰化入水中一樣消失了，如何能產生救世的功能？另外有一種屬於哲學思想的「天人合一」，它是純學理的推論，非親身的體驗，不包含在這裡面。

小乘的真涅槃，佛法稱之為「灰身泯智」，即身體死了沒有了，招感生死之本的煩惱業惑也泯滅了，只是三界外的塵沙、無明煩惱尚未斷盡；這時像喝得酩酊大醉的人一樣，陶醉在涅槃之中，別人看不到他，他也看不到人，因此也就無法教化世人。真假涅槃的差異，在於真涅槃是無我的，而假涅槃則執著神我的統一，雖放棄了個體的小我，而仍執著於宇宙之神的大我。

究竟涅槃是無怖畏、無顛倒、無夢想，不貪戀生死，也不畏生死，自由自在於生死之中。凡夫是依業報在生死中受苦受難，沒有自由；菩薩則是以願力在生死中救苦救難，自由自在。兩者雖同在生死，卻是完全不同的境界。所以，不離開現實的人生，隨緣度化一切眾生就是大乘的究竟涅槃。

（五）佛道——菩薩道的目的，解脫自在的終極

三世諸佛，依般若波羅蜜多故，得阿耨多羅三藐三菩提

佛是從菩薩而來。菩薩的意思是覺有情，是自覺覺他；自己是覺悟的有情眾生，而又幫助其他的眾生覺悟，他是在菩薩道上的眾生，菩薩道稱為大道；在大道發了菩提心的大道心眾生，就是菩薩。

而達到自覺、覺他、覺滿，最高人格的完成就是佛；佛是菩薩究竟的位置。在原始佛教中，僅有的一尊佛，就是釋迦牟尼佛。其他的佛弟子雖然也證涅槃，但稱阿羅漢。到了大乘經典，就有所謂「三世諸佛」了。因為釋迦牟尼佛是過去的菩薩而現在成佛；而現在的菩薩將來也必定成佛，是未來佛。既有現在、未來諸佛，那過去一定也已有眾生成佛，是過去佛。過去佛、現在佛、未來佛，就是「三世諸佛」。這無異在鼓勵眾生起信心，好好修學菩薩道，肯定將來都會成佛。

從時間上來說，有三世諸佛，而時間離不開空間，既有三世諸佛，也就一定有十方諸佛。我們皈依三寶，乃是皈依「十方三世一切諸佛」。由此可見，成佛是菩

薩道的終極點，我們應等視一切菩薩都是未來諸佛。經文強調菩薩依般若波羅蜜多來度一切苦厄，而諸佛也是以般若波羅蜜多來成佛，所以說「依般若波羅蜜多故，得阿耨多羅三藐三菩提」，這是說如來的果位。

「阿耨多羅三藐三菩提」譯成中文是「無上正等正覺」，又稱「無上正等正遍知覺」。正覺，即正確的覺悟；無上正覺，就是悲智圓滿的如來果位。正覺一定是從正行產生，正行一定是從正信而來，即從正確的信仰產生正確的修行，再從正確的修行達成正覺的目的。因此，大家平日應該多讀正信佛教的書籍。

結論

下邊我們要講流通分了，也就是《心經》的結論。

故知般若波羅蜜多，是大神咒，是大明咒，是無上咒，是無等等咒；能除一切苦，真實不虛這一段是用真言為比喻，來讚歎般若波羅蜜多，意思是說：「因此可知般若波羅蜜多實在太好了，它就好比是大神咒，是大明咒，是無上咒，是其他咒所比不上的。它能使眾生除去一切苦難，這是真的，一點也不假喲！」

在講緒言的時候，我們曾簡單地提到《心經》的來歷，這裡再做小小的補充。《心經》的主要部分，即「舍利子！色不異空，……無智亦無得」計一百零九字，是源自於《大般若經》第四〇三卷〈觀照品〉第三之二，並與《大品般若經．習應品》第三的內容相同。另外，「是大神咒，……能除一切苦」計二十二字，與《大般若經》第四二九卷〈功德品〉第三十二，以及《大品般若經．勸持品》第三十四的文字大同小異。

也就是說，《心經》在《大般若經》中有它的根據，但原來不是連在一起的。當後來被譯成漢文的時候，這兩部分已經連在一起了，可能是在印度就有人做了這項工作，並將它稱為《心經》。不一定是中國譯師玄奘，或在他之前的羅什法師所為，所以這部經不但在中國重要，在印度也很受重視。

「咒」在梵文稱「陀羅尼（dharani）」，有總持、能持、能遮之意。總持，謂總一切功德，持無量義理。能持，是指它能含攝保存無量的內容。而能遮，則謂具有無量神變不思議的功能。另外，「咒」又名「曼陀羅（mantra）」，意為真言，也有神咒、祕密語、密咒的涵義。陀羅尼和曼陀羅本來是印度婆羅門教所慣用的語言，釋尊最初不用它，到大乘般若經典發達後，才有了祕密般若部的成立。

「大神咒」是說有很大功能的咒語，而且此「大」不是比較的大，是絕對的大，大得不可思議。

「大明咒」，大明能破一切黑暗愚癡，所以大明即大智慧之意。

「無上咒」意謂最高、最尊、最勝的咒中之咒。

「無等等咒」意謂無任何一咒能與之相比。

「能除一切苦」，此句呼應經首「照見五蘊皆空，度一切苦厄」，然後說「真實不虛」，很肯定地表示：「就是如此，一點不假！」

這裡所讚歎的就是「空」。若能實證空性，還有什麼事辦不成？空，即智慧、般若。

即說咒曰：揭諦，揭諦，波羅揭諦，波羅僧揭諦，菩提薩婆訶

於是就念一個咒語：「揭諦，揭諦，波羅揭諦，波羅僧揭諦，菩提薩婆訶。」這是真言大成就、解脫大自在之意。

「揭諦」是去、到的意思。

「波羅揭諦」的「波羅」意謂彼岸，「波羅揭諦」就是到彼岸去的意思。

「波羅僧揭諦」的「僧」，眾的意思，「波羅僧」表示眾多法門，有六波羅蜜、十波羅蜜乃至無量波羅蜜。此言有無量能度脫生死的法門，依這些法門到彼岸去。

「菩提薩婆訶」的「菩提」是正覺、佛道。「薩婆訶」是大圓滿、大成就之意。

將此咒連貫一氣來念，意思就是：「去呀！去呀！去彼岸呀！用許多許多到彼岸的方法去彼岸，去成就菩提大道。」就這樣一直念，一直念，到最後你不去也會去了。

《心經》講到這裡，也是「菩提薩婆訶」，功德圓滿。

（一九九一年一月十四、十五、十六日講於北投農禪寺，溫天河居士整理錄音帶，聖嚴法師親自修訂成稿）

第三篇 《心經》實踐

一、人生的意義

《心經》幾乎是每個人都知道的，即使不識字的老菩薩們也多能背誦，因此講《心經》的人特別多，聽的人也最有興趣。今天國父紀念館不僅這大禮堂滿座，連走道上也都坐滿了，這並非我聖嚴的魅力，而是由於《心經》實在太吸引人了。

大家都知道佛法是講「空」的，「空」究竟是什麼意思？是否什麼也沒有？或者是一種消極的觀念呢？其實不是！如果懂得《心經》，就不會認為佛法講的「空」是什麼也沒有，它絕對不是消極，而是超越於積極與消極的一種最積極的思想。

剛才主持人葉樹姍菩薩介紹我很有學問，是一位研究佛學的文學博士，那麼我這三天晚上講經，一定要講得有些學問，否則諸位要失望了。但是我會講得讓諸位聽得懂，如果聽不懂，你們還是會失望。因此我要試著講得既有學問，又聽得懂。

生活・生命・人生

現在開始講今晚的主題「《心經》生活系列講座」。一連三個晚上皆是講《心經》與生活、生命、人生的實踐與超越；亦即這次講《心經》，是配合生命、生活與人生來解釋。讓我們一樣樣地來介紹。

生命、生活、人生的定義是什麼？生活是眾生以活動來維持生命的現象，生活是生命在空間的環境中求生存的活動方式，生活是生命在眾生群中造作善業與惡業的行為。這些關於生活的定義，請各位要了解。

一般人對於「生活」究竟是在為什麼，多半不清楚。以佛法的立場來看，生活本身即是造業，所造有善業、有惡業。如果是一位修行人或是大修行人，是造無漏的善業；普通的凡夫是造惡業以及有漏的善業。看看我們平常生活中是造善業或是惡業？造善業很好，造惡業會很麻煩，怎麼麻煩法，後面會提到。

生命是眾生維繫身體生存的現象，生命是眾生在時間過程中繼續存在的事實，生命亦是眾生在眾生群中接受福報及罪報的現象。所謂生命就是我們活著時所呈現的動態，生命的事實是為了什麼？是由於過去世造了種種善業及惡業，現在世便受福報及苦報。

人生是人類在時空中生存的現象，人生是人類從出生到死亡的全部過程。人類的生命是眾生之中最難得的果報。

人身難得，佛法難聞

眾生可分有形的和無形的兩大類，在佛法中有六道眾生的分類法，人及畜生等動物是有形的，其餘四類均非肉眼所能觀察，所以是無形的。人在六道中不是最好的，也不是最高的，但人類的身體是最可貴的。因為佛說：「人身難得，佛法難聞。」在六道眾生中唯有人是能修行佛法的道器，即修道的工具。當我們還擁有人的身體時，要加以把握修行佛法；有朝一日變成為其他動物，或變成無形的眾生時，就難得有機會修行佛法了。

我們法鼓山養了一隻狗，牠在我們做早晚課時一定參加，但是牠只能坐在大殿門外，不能進大殿來。有人講我們那隻狗懂佛法、有善根，我卻不這麼認為。那是因為我們大家都在大殿上，牠很孤單，所以就在大殿外等我們、陪我們。我們念〈大悲咒〉及《心經》，牠會念嗎？我相信牠不會，最多覺得喜歡，已是善根福報。所以，做了人以外的眾生是很可憐的。

《心經》說的道理全是人的問題，是為「人」而講的。佛法是對人說的，因此得先得到人的身體，才有機會聽到佛法，懂得佛法，並且充分地修行佛法。譬如《心經》中所說的五蘊、十二因緣、十八界，全都是「人」才有此條件；人以外的其他眾生不具備五蘊、十二因緣及十八界那麼多的條件。

有些人認為做人很辛苦，不如一死百了，死了以後大概就沒事了。我說，死了不得了！因為死了以後，業報未了，死了以後，佛法未學，是多麼地可憐！

《心經》所講的三世十二因緣，就是以十二個階段，說明人類生命從過去世到現在世，再從現在世銜接到未來世的連續現象。人類的生命即如此再生再死地一再循環不已，此乃所謂人的生命的三世循環。因此，佛教徒的人生觀，應該是珍惜生命、積極生活的菩薩行。《心經》的智慧即是教我們如何實踐積極的人生觀，而又能超越於自我為中心的自私自利。

簡單說，《心經》的內容是在說明人生的根源出自無明，生命的目的是為了成佛，生活的態度是要達到心無罣礙。因為有無明的煩惱，故而生死不已。如果無明盡，那就能成就阿耨多羅三藐三菩提，也就是成佛。而欲成佛，一定要在日常生活中做到心無罣礙。

《心經》的翻譯

《心經》是什麼樣的一部經？在我們中國一共有多少中譯本？以及平常大家所用的究竟是哪一種譯本的《心經》？

自第四世紀姚秦鳩摩羅什三藏（西元三四四—四一三年）到第十世紀北宋太宗時，近六百年間，將印度梵文的《心經》翻譯成漢文，前後共有十一次。現在在《大藏經》中還能見到的有八種，其中一種為梵文音譯本，看起來就像是咒語。

目前世界上最標準的《大藏經》版本是日本大正年間編成的《大正新脩大藏經》，裡面所收的《心經》，八種之中有四種稱為《般若波羅蜜多心經》。玄奘三藏的譯本即是其中之一。鳩摩羅什最早翻譯的《心經》稱為《摩訶般若波羅蜜大明咒經》，唐朝摩竭提國的三藏法師法月所翻譯的叫《普遍智藏般若波羅蜜多心經》，宋朝施護翻譯的叫《佛說聖佛母般若波羅蜜多經》。

在這八種譯本中，鳩摩羅什及玄奘所翻譯的內容幾乎完全相同。唯羅什及智慧輪把觀自在翻譯成觀世音，而玄奘及其他的翻譯本則把觀世音翻譯成觀自在。觀自在及觀世音兩者皆對。

一般佛經的形成都相同，均具備初、中、後三個部分。第一部分名為序分，說明佛說法的時間、地點、因緣及與會的聽眾；次為正宗分，即是佛經的主要內容，說明該經的義理；最後為流通分，點出大家聽了佛法皆大歡喜，信受奉行、作禮而去。就像我們聽完《心經》之後，也會法喜充滿，鼓鼓掌，然後回家。但是《心經》的八種譯本中，玄奘及羅什所翻譯的只有正宗分而無序分及流通分，其他六種則三個部分——序分、正宗分及流通分全部具備。中國人喜歡簡單明瞭，因此去頭去尾的玄奘本大家很喜歡。

羅什三藏及玄奘三藏之譯本，開頭均說「觀世音菩薩」或「觀自在菩薩，行深般若波羅蜜多時」，看起來好像不是由釋迦牟尼佛親口講這部《心經》給聽眾中的代表舍利子聽的。乃是由舍利子承佛威力向觀自在菩薩請法，而由觀自在菩薩親口為舍利子等大眾說的。

然在其他譯本中，都以「如是我聞」開頭，證明是阿難尊者親自聽到，釋迦世尊也在現場，證明觀自在菩薩向舍利子說出的《心經》是真實的。不過，《大般若經》中所見，是佛直接向舍利子說的。不論是佛所說或是觀世音菩薩所說，兩者皆可視為正確，唯都無法考證，反正我們只要知道《心經》非常好，對我們很有用處即可。

玄奘及鳩摩羅什翻譯的《心經》都很好，不過玄奘大師翻譯了六百卷的《大般若經》，而且玄奘所翻譯的《心經》譯本最為簡潔，因此歷來皆以玄奘所譯的最為大眾喜用，我也都用玄奘的譯本。此次是我第四次講《心經》，每次所講內容均有點不同。

般若

接下來解釋《心經》的題目「般若波羅蜜多」。「般若」是由梵文翻譯過來的，通常譯為「智慧」。在我年輕時，因為頭腦的反應總是慢人家半拍，常有人問我：「你的般若到哪兒去了？」也就是說，頭腦不清楚，即表示沒有智慧「般若」。另外還有四種意思：1.是慧（通達空性）；2.是明（無無明）；3.是清淨（無煩惱）；4.是遠離（去執著）。

「慧」的意思是了解什麼是空；凡是看到、了解或悟到空的道理，就叫慧，或叫般若。「空」不是頭腦空空，肚子空空，一切都空空如也，什麼也沒有的意思。「明」與「無明」是相對的。無明是沒有智慧，是煩惱，就好像天空被烏雲遮住，看不到太陽；明則如空中的烏雲散盡，萬里無雲，是指心境的明淨。

「清淨」是對「汙染」而說，是指心清淨，心不汙染。心不受環境中之七情六欲所困擾，謂之清淨。

寫小說的女作家李昂曾對我說，她在七情六欲中寫小說，離開七情六欲就沒什麼好寫了。我說我同意，但是應該在七情六欲之中，疏導七情六欲而不為其所困。她聽完我的話之後，很贊成，表示要來參加三天的禪修活動，並說沒想到學佛也可以有七情六欲。但是要能夠不受七情六欲所困擾、所汙染，那才是工夫。

第四個「遠離」是離開自我價值的執著，即是般若、智慧。大家都希望有個自我，並且表現自我，凸顯自我，這是正常的。我們一定是先對自我肯定，慢慢才能夠放下自我。一個連自我都無法肯定的人，遑論放下自我了。所以肯定自我是第一步。學了佛之後，如要得智慧，那就要把自我放下，放下對自我價值判斷的執著，卻不是什麼都不要了。

波羅蜜多的超度

「波羅蜜多」有些地方簡譯成「波羅蜜」，中文的意思是從此岸超越到彼岸。此岸是生死苦海，彼岸是不生不滅的涅槃，最高是成佛。另外還有超度、度脫、事究竟的三種意思。一般人都知道人死後要念經為他超度，相對地，人活著時不需要超度；這是絕對錯誤的觀念。事究竟的意思是應該做的事全部做完了，沒有什麼還未完成之事。這是指兩件事，一為修福，一為修慧，這兩種任務都圓滿達成，就叫到彼岸，亦即究竟涅槃的意思。

有些人忙於名、利、權、勢、地位，沒有時間學佛，總是說要等自己年紀老了，把事業做完，才來學佛。此種人是至死都無法學佛了，因為要爭的名位、權勢是永無止境的，要賺的錢財是永遠嫌不夠的；想得到的東西是沒有邊際的，得到之後又失去之時，總是希望再把它取回來，失敗之後永遠還想著東山再起。人無百年壽，卻有千年憂，明明人都快死了，還想著許多事尚未完成，想跟閻羅王討價還價，讓他多活幾年，把心願了了。這種「了了」，與我們現在講的波羅蜜「事究竟」是完全不同的，那種世俗事是永遠無法了，若想求解脫則可做得到。但是請不要誤解，不要為了求解脫就什麼事都不做了，對於自己的責任和義務仍要當下承擔。

我們現在說的波羅蜜是針對般若波羅蜜而言，而「般若波羅蜜」是六種波羅蜜中最重要的一種，只要有了「般若波羅蜜」，其他五種波羅蜜自然涵攝在內。

波羅蜜又叫「度」，六種波羅蜜就叫六度。六度是菩薩道的總綱，以布施、持戒、忍辱、精進、禪定和智慧的六門，涵攝一切自利利他、利益一切眾生的法門。而在此六度之中，又以智慧最為重要，否則縱然把前五項修得很好，最多只是一個懂得珍惜生命、能夠積極生活的人，卻仍然無法達到心無罣礙的超越境界。所以雖然六種波羅蜜都叫作「到彼岸」，唯以般若波羅蜜最為重要。

我們學佛的人，當以六波羅蜜之中的般若波羅蜜為起點，也以般若波羅蜜為終極。我們在剛剛學佛時一定要具備正知正見，這是從聽聞正法而來，以正確的佛法告訴我們應該怎麼做，即是仰仗佛法的般若。這不是我們自己的，而是藉佛的智慧，來指導我們，如何修行其他五種從布施到禪定的法門。否則僅修前五種，而不以般若做為指導修行的眼目，也不以般若做為修行的最後結果，那只是修的人天善法，而非航出苦海的佛法。

諸位今天來聽《心經》，聽的當然是般若，我們大家都還沒有成佛，還沒有得到般若波羅蜜，但我們用佛的智慧來指導我們如何生活，如何活得更有意義，活得沒有那麼多的麻煩與痛苦，這就是用佛的般若賜給我們的好處。

布施最容易

學佛最容易的是布施，但是如果自己一無所有，拿什麼布施呢？所以我們還是需要爭取或製造，從無變有，生產更多的東西來分享給別人，自我成長得到更多的知識和技能幫助他人，修學更多的佛法道理利益他人，這就叫布施。至於能否更進一步持戒、忍辱，可以隨時隨地慢慢修學，但至少以自己的知能幫助他人解決困難的布施行，是人人皆可隨分隨力做得到的。譬如在座的菩薩們雖然尚未親自悟到般若智慧，但你們已經在做布施了，你們正在布施時間來聽聞佛法，我很感謝你們的大布施；但是諸位不要以為自己布施之後，就以為有誰欠了你們什麼了，便是無我的般若。

正如前面所提到的，凡夫學佛，有緣聽聞佛法之後，即應從布施、持戒、忍辱、精進、禪定等依次第著手。這五項波羅蜜多雖說有次第順序，卻也可以同時並行；如此依法修學，最後必定能夠明心見性、開悟成佛，那便是無我無相的智慧現前，便是般若波羅蜜多。

佛陀經過三祇百劫修行菩薩道，難捨能捨、難行能行、難忍能忍，行持六種波羅蜜多，因而成佛。而在成佛之後，雖然智慧已圓滿了，慈悲也圓滿了，還要住世四十九年，做大布施，利益眾生。可見布施乃六波羅蜜多之基礎，而般若則集六波羅蜜多之大成。

心的意思

現在說明《心經》的「心」是什麼意思？心可以分六個層次或六個名詞來

介紹：

（一）肉團心，是人的心臟。

（二）草木心，是物的中心。

（三）緣慮心，是人的妄想，即是我們胡思亂想的心。

（四）分別心，是人的執著，即是對於好、壞、多、少種種分別的心。

（五）集起心，即是人的業識，人們的身、口、意，天天都在造業，造業之後就變成業識。

（六）不生不滅心，那就是清淨的智慧，也就是般若，亦即五蘊皆空。

前面的五種心，實際上涵蓋了《心經》所講的五蘊皆空的「五蘊」。心臟的心和物體中心的心屬於色法，是物質現象，又叫色蘊。而緣慮心、分別心、集起心，屬於心法，也就是心理和精神的現象，含有受、想、行、識的四蘊。第六種心是觀自在菩薩有了深般若之後，見到五蘊皆是空的，那是清淨心，是智慧心。我們學佛的目的就是要觀五蘊皆空，而得清淨的智慧心。當清淨的智慧心現前時，我們便能夠離開一切苦難了。

《心經》的心

《心經》是代表六百卷《大般若經》的心要。卷數實在太多，一般人不易讀，如無法讀《大般若經》，至少可以讀僅有二百六十字的《心經》，讀了《心經》就等於讀了《大般若經》的精義，所以我鼓勵大家要多念《心經》。

《心經》的內容也代表全體佛法的心要，無異是一部簡明的佛法概論，從基礎佛法到究竟佛法均已闡明，所以是《大般若經》的心臟，也是一切佛法的核心。如從廣義面講，《心經》的內容涵攝了上述六種心的範圍。

《心經》的目的在分析人生、生命、生活的現象，皆離不開五蘊，然而雖在五蘊之內卻能照見五蘊皆空，使得一切的苦厄獲得解脫；並且更深一層地指出，雖然知道五蘊組成的身心世界是空的，若能不執著於空，也不執著於有，便能夠落實於慈悲的實踐和智慧的超越。換個方式說，《心經》告訴我們，佛法不是厭世的，亦不是戀世的，而是入世的，更是化世的。可知《心經》是多麼地重要。

《心經》的心，即是智慧的空。許多人認為佛法講空，是厭世的，這是一種誤解。佛法讓我們從煩惱的苦難中得到解脫，讓我們一方面遇到環境的壓迫時，不會那麼地無奈、無助、失望、痛苦；更使自己從修行的方式和過程中，還能夠幫助他人解決苦難的問題。

厭世是逃避現實，自討苦吃；入世是自利利他，不是占有戀棧；化世是廣度一切眾生，卻不以為有眾生可度。佛法的基本觀念是不厭世、不戀世，但有一個更重要的觀念，就是少欲知足，厭離對五欲的追逐，厭離生死的苦海。因此要修學佛法的持戒、修定而得智慧，然後就能夠像蓮花一樣，生於汙泥而不被汙泥所染，蓮花從水中長出而不沾水。佛菩薩的精神即是如此，不逃離世間，不占有世間，但使世間淨化。這不但是佛與菩薩的精神，也是他們的工作。

經的意思

在印度梵文的修多羅（sūtra）是指成串的花串，它有線、條、縱等意思，把如香花般智慧的語言串起來，在貝葉上寫成文字，成為一部部的書籍，譯成漢文，稱之為「經」或「契經」，這是一種比喻。

在中國，「經」是指聖人的語錄，如天之經、地之義。在儒家有五經、十三經的名稱，印度的聖人佛說的法，因此比照，也被尊稱為經。現代人也將一些有價值的著作，譽為經典之作。佛教的大翻譯家們，把佛說的修多羅，翻譯成中文時稱為佛經，是非常適切的。在中國的儒家有所謂經國經世的經典，而佛經是救人濟世的寶典，它有普度一切眾生的功能。

觀自在與觀世音

接下來介紹觀自在及觀世音菩薩。一個人若能智慧神通自在，就能觀一切現象，自在無礙；就能像《金剛經》所說「應無所住而生其心」。一切現象自在無礙的意思是既無主觀的立場，也無客觀的事物，是超越於主觀與客觀的相對，而能觀察世間所有的現象，這叫自在。《金剛經》所說的「應無所住」就是沒有把一個「自己」放在裡面，亦即無主觀的存在，而且沒有客觀的事物。智慧的應用是隨人、地、時之不同而做不同之適應、回饋、處理，這叫「應無所住而生其心」。這個「心」是智慧心；「住」是執著心。沒有執著心而有智慧觀察的功能，就是觀自在菩薩。

「應無所住而生其心」，在諸位的家中都可以用得上。家中每個人的年齡、個性、想法和需求都不同，彼此之間必須相互適應，否則必然經常發生爭端。譬如在選舉的時候，同住一起的家人，為了支持不同的候選人而發生家庭紛爭的大有人在。夫妻之間為了擠牙膏的方式不同，也可以吵上半天，這類的例子不勝枚舉。如果能夠各投各的票，各人支持各人的對象，各人依各人的生活習慣，彼此尊重，不執著於「自我主觀」的立場，自然能夠圓融和諧，這就是「應無所住而生其心」。可見，一定要能夠做到應無所住而生其心，才可能像觀自在菩薩那樣地自在無礙。

同時，觀世音是一門深入專修耳根圓通的大菩薩，修成之後，對他自己能夠心無罣礙，對於眾生則能觀一切世界的音聲自在，能尋聲救苦，處處應現，即所謂普門示現得自在。

普門示現是一門通、門門皆通，就像要進入這國父紀念館，只要從某一個門進來之後，每個門都出得去；只怕進不來，一旦進到裡面，便得自由出入。以佛法的智慧自覺覺他，用慈悲和智慧來利益眾生，永遠不為自己求安樂，但願無邊眾生得離苦，便是菩薩的自在。

二、生活的實踐

深般若與淺般若

今晚開始講《心經》正文第一句「觀自在菩薩，行深般若波羅蜜多時」。昨晚已經介紹了觀世音菩薩及觀自在菩薩，現在介紹深般若與淺般若之異同。

為什麼有「深般若」與「淺般若」之分別呢？一般人都知道般若即是智慧的意思，但世間凡夫的聰明才智、舉一反三、聞一知十，雖都是智慧，唯不能稱為般若。許多的發明家、學問家，乃至於宗教家都有個人的聰明才智，能夠見古人及他人之所未見。但世間的智慧都有自我中心，哲學家們認為有一個絕對的、最高的、最後的真理，或是神的存在。這些都能稱得上是智慧，然與佛法所說的般若則是大不相同。

出世間的小乘聖人阿羅漢已然破除我執，從自我中心、自我煩惱之「有」中得到解脫，那種無我的解脫，算是般若，但也只是「淺般若」，還不是「深般若」，比起大乘菩薩的智慧，仍有所不足。因為大乘聖位菩薩的智慧是離開有、無二邊，不執著凡夫和聖人的同異，凡聖平等，有無同體，入世化世而不受世間現象的沾染困擾，所以稱為「深般若」。如果到了成佛的境界，那就叫作「甚深般若」或「無上般若」。

佛經裡對於深般若和淺般若有一比喻，叫作「三獸渡河」。這故事是說有兔子（喻聲聞）、馬（喻緣覺）、大象（喻大乘聖者佛），三種動物同時渡一條河，兔子下了河之後，因為身體太小，腳踩不到河底，只能浮在水面渡河，對於河的深淺渾然不知；馬過河時，也只能知道二邊河岸的深淺，對於河中央的深度則無法知道；而大象對於河的這岸到彼岸之間全程的深淺都很清楚。

渡河的意思，引申為從煩惱、生死、執著的這一邊，到達沒有煩惱、脫離生死、沒有執著的那一邊，亦即解脫、涅槃。佛是無上的大涅槃，阿羅漢與緣覺是小涅槃；同樣是般若，卻有深淺之別。

凡夫眾生應當從修學佛法來開啟內心的智慧，此種智慧叫作相似般若，再從體會相似般若而實證實悟無相、無我及空的真般若。那就是從自我人品的成長提昇，而至自我的消融。雖然凡夫不知智慧的般若是什麼，但佛經告訴我們，般若是離我的，是破除我執的。當我們有煩惱時，表示我們還沒有般若，只要我們願意試著用佛法的觀念及方法幫助自己減少生活中所發生的困擾及問題，也可以叫作相似般若。其意為好像是般若，但並非真正的般若。

今天上午有位在家菩薩來看我，說他心中有煩惱，家庭有問題，應該怎麼辦？我勸他來聽《心經》，他說昨天晚上就來聽了，可是似乎沒有用。我告訴他，我今天早上頭痛，去看醫生打一針就不痛了；但是佛法沒這麼快，人的煩惱是多生多世累積而來的，只聽一場《心經》無法把煩惱就此解除，唯有持續不斷地修學佛法，更重要的是必須藉「觀念的糾正」及「方法的練習」，才能逐漸從煩惱困擾中得到解脫。

這位在家菩薩說，他覺得聽經對他沒有用，有什麼方法可以讓他一下子即能解決問題呢？我告訴他念二十萬遍〈準提咒〉，問題就解決了。不曉得今晚他有沒有來聽經，也許他專心念咒去了。

佛法所說的「智慧」需要慢慢地成長，當然也有頓悟法門，要學頓悟法門，可以向我學參禪打禪七。禪的修行能使我們脫胎換骨，原因在於觀念的一百八十度的轉變或調整，那是對佛法觀念的了解以及自己親身實踐的體驗，感到受用，此乃相似般若之作用。然而必須是真正的開悟，才是真般若的出現。不是隨便說上一句話就自稱開悟了，要下真工夫才可能開悟。如果參加禪七，照著我的話去做，保證一定開悟，至於如何做，不是今晚所要講的，今晚只講《心經》。

照見五蘊皆空

五蘊是指構成人生生命的五個要素，其實就是物質的身體及心理和精神現象的因緣結合。五蘊即是色、受、想、行、識。

「色」是指用眼睛可以看到的一切顏色、形色，不論是什麼，都叫作「色」。我們的身體是由「地」、「水」、「火」、「風」四大元素和合而成，當四大分離，我們的身體就不存在。我們的身體本來就是空的、不存在的，所以稱它「四大皆空」。但亦有人把它解釋為「酒、色、財、氣」皆空，這不是佛法的觀念。

佛法稱我們的肉體為「色身」，如果僅指肉體，那可能是一個植物人或一具屍體，一定要有身體的感受、頭腦的思考，以及思考如何產生行為與動作的反應，才是「活人」。

五蘊中的最後一蘊是「識蘊」，它不是認識分別的意思，而是身心配合起來而造作的種種或善或惡的行為所產生的業力，集成為生死過程中之主體，叫作業識。也就是說，從前世到今生再到來世，不能把過去世的身體帶到這一世來，只有業識在生死中流轉不已。

五蘊是由過去世所造之善業及惡業，所感得的果報，所以我們稱這受報的色身肉體為「正報」。我們又是依著環境而生活、而生存，所以稱環境為「依報」。我們這一生，所受肉身的果報有一定的壽命，即使此生多做一點好事，也不一定能長壽，其結果可能要在來生的另一個生命中方出現。

我們在生命過程中受報的同時又繼續造業，在一期果報結束後，便是肉體的死亡。這一生死亡之後，來生的果報又等著我們去接受，所以學佛的人不必擔心死亡，因為今生一結束，很快便接受到另外一生的果報，端視自己所造的是什麼樣的業。如果所受的果報還是人，那也是由五蘊所成的果報體。

五蘊的組合係暫時的生命現象，不僅肉體有生、老、病、死，心理有生、住、異、滅，連業識也隨著身心變化而不斷變化。肉體的生、老、病、死很容易懂，心念的生、住、異、滅卻很少人能發現。通常一個念頭產生之後，能夠停留，停留之後會發生變化，最後消失不見，然後，另外一個念頭又產生。所以我們的心是念念都在變，而每一念都在變了又變的時候，都要經過生、住、異、滅四個過程。我們業識的成分和質量，亦是隨著身體和心理行為，不停地動而不斷變化。

若以般若的智慧來觀察五蘊所組成的生命現象，是無常的、是無我的、是空的。這「無常、無我、空」是佛學的基本常識，每個學佛的人都應該懂。由於我們的生命是無常的，有生、老、病、死，有生、住、異、滅，也沒有一個固定不變的我，「我」也是時時都在變化，因此叫作「無我」。這諸行無常、諸法無我的現象叫作「空」，「空」不是沒有，而是沒有固定不變的人、事、物。

諸位聽了《心經》之後，觀念有所修正或改變，那麼昨晚的你和今晚的你雖是同一個人，但並不是相同的「我」，因為這個「我」的觀念有了修正、改變，這叫作「無我」、「空」。

度一切苦厄

我們必須先明白無我的道理，才能夠度一切苦厄。如果不能以般若智慧觀照人生的生命現象及生活實況，那便在煩惱的苦海之中。因為把虛妄不實在的我當作真實的我，就有得苦頭吃了。各位有沒有看過「捕風捉影」的人？真的能夠捕到風捉到影嗎？肯定是累得半死，最後兩手空空。若沒有佛法的智慧指導我們，我們一生都在「捕風捉影」而不自知。因此累呀！苦呀！猶不知為何而累，為何而苦。累得起勁，累得茫然，徒勞無功。

佛說迷於生死就在苦海中，不斷地造業受報，沉淪生死，就叫苦海無邊。若能少欲知足、知慚愧、常懺悔、常為眾生不要自私，就能出離苦海。佛法教我們少欲、離欲，又要我們廣結善緣、普度眾生，這兩者是不會有衝突的，前者能出離苦海，後者能增長福慧，自利利他，終究成佛。

佛說人生的過程中有八苦：生、老、病、死、求不得、怨憎會、愛別離、五蘊熾盛。這八苦中的生、老、病、死和求不得的意思，大家知道得很清楚。至於「怨憎會」是指怨家路窄常要碰面，是痛苦的事。「愛別離」是指親人、愛人不能常相廝守或一去不回頭。面對生離死別的情境，也是很痛苦的。「五蘊熾盛」是指四大不調以及身心矛盾、生死流轉。四大不調是指身體生病了，身心衝突或是觀念自相矛盾，這都是苦海。

八苦之中的五蘊熾盛乃是對於身心的愛戀和執著，該是「總苦」，其他的七苦算是「別苦」。只要「照見五蘊皆空」，便可眾苦消滅；不必遠離五蘊，當下便得自在而解脫眾苦。佛經中說，我們對身體的執著，比對任何的執著都強，要放下此一執著，必得有愚公移山的精神。另外，當自己的觀念與別人的觀念比較時，經常引起衝突，不能稱心如意；要把自己的主觀放下，想法放棄，也是非常痛苦的事。

事實上，身體的需求並不多，主要是企求生命的安全，希望生活的舒適，這些本是正常的心態，卻都是對於「自我中心」的堅固執著，如果不懂得用佛法的觀點來觀照，的確不容易放下，在在都成為煩惱的根源。當沒有煩惱的時候，似乎用不到佛法；而當自己有許多煩惱、痛苦，沒有辦法解決時，不妨用佛法試試看。

在座各位在遇到痛苦煩惱的境況之時，把「照見五蘊皆空，度一切苦厄」這兩句話，當作咒語來念，一定有用，請諸位試試看。不斷地念，一定有用。念這兩句話的時候，你會有會心的微笑，覺悟到自己的愚癡，明明「五蘊皆空」，為什麼我還會如此苦惱呢？

空即不空

下邊是說法主告訴舍利子：「色不異空，空不異色；色即是空，空即是色；受、想、行、識，亦復如是。」這是《心經》最難懂，卻也是最容易講的部分。

舍利子又名舍利弗，是釋迦牟尼佛十大弟子中智慧第一。

剛才我們已說過，觀照由五蘊組合的人生的生命現象是空，並不是消極的否定了人生的價值，而是在認識人的生命現象，不是真實可樂的事實之後，還要超越「空」、「有」以及「苦」、「樂」的執著，更積極地運用人的生命現象去修福修慧。「色不異空，空不異色；色即是空，空即是色」，這四句話是說明「空」和「色」既「不一」也「不異」的道理。接下來又說「受、想、行、識，亦復如是」，也可以說是「受、想、行、識不異空，空不異受、想、行、識；受、想、行、識即是空，空即是受、想、行、識」。

總括而言，就是「五蘊不異空，空不異五蘊；五蘊即是空，空即是五蘊」。也就是說我們的生命就是「空」，「空」就是我們的生命。「五蘊皆空」是因為沒有我，我不在裡面，可是並非「無我」就什麼都沒有了，而是指沒有「我執」。

我們再進一步地解釋。「五蘊」和「空」是相即不相離的，這就是「煩惱即菩提」、「生死即涅槃」的道理。如果能夠親自體驗「空」的道理，見到一切諸法現象本身即是空，就能活用五蘊組成的人生生命現象，不受眾苦的煎熬，而把五蘊當作修福修慧的工具，我們稱之為修道的器具（道器）。

如果僅知道「色不異空，空不異色」，換句話說，只停留在我們的生命就是空，空就是我們的生命的觀念中，這是消極的，因為既然一切皆空，那還需要做任何事嗎？但是身體的生命雖是空的，空裡面卻仍有生命存在。其實空理是叫我們不要用身體製造煩惱，要用生命修福修慧，自利利他；這叫作自在，叫作解脫。

諸法空相

下面說「是諸法空相」。

五蘊等的諸法現象都是無常不實、本性皆空，所以說諸法的現象本來就是空的，是暫時有而究竟無的。譬如家庭的成員不斷在變化，小孩會長大成人離家成家，中年的會變老，老的會死亡；家中的年輕人結婚生子，人口變多，年老的死亡，人數又減少，這種現象也是由少變多，由多變少，由無生有，由有變無。這種情況就是暫時的有，真實的空，叫「諸法空相」。無論是家庭或社會都是空的。因為是空，才會變化多端，多彩多姿。就像國父紀念館及裡面的舞台，它本身是空的，因此才能夠每天提供不同團體機構做不同的演出。

去（西元一九九四）年除夕我請一位菩薩來農禪寺吃年夜飯，他說他前一天就要先把肚子空下，才能飽食農禪寺純素的美食。可見「空」實在好，「空」才能容得下東西。同理，諸位菩薩來聽《心經》也要先把心中的成見空掉，才能聽得進去，否則一邊聽我講，一邊在心裡以你的成見提出反駁，還能接受到什麼呢！「空」是真正的好，「有」並不好，諸位可在日常生活中慢慢去體會這個道理。

有相皆妄

「諸法」的法相，就是五蘊構成的人生現象，以及人類生命所依的自然現象及社會現象，也就是《心經》所講的眼、耳、鼻、舌、身、意等六根的生理現象，眼、耳、鼻、舌、身、意等六識的心理現象，以及色、聲、香、味、觸、法等六塵的生活環境。《心經》所說之「空相」，係指世間的一切現象，皆是虛幻不實。就像《金剛經》所說：「凡所有相，皆是虛妄。」那就是「諸法空相」的意思。

《金剛經》又說：「若以色見我，以音聲求我，是人行邪道，不能見如來。」這講的都是「實相無相」的道理。意思是如要見佛，不要把佛的色身相及音聲相當作佛，否則就是行邪道，不能真正見到如來。這目的是要我們「無相」、「離執」，如把佛的色身及音聲當作佛來執著，就是有相；若執有相，就有煩惱。

佛陀在世的時候，有二位出家弟子從遠方長途跋涉去見佛。一路上非常艱難，沒有水喝，其中一位因持不殺生戒，堅持不喝有蟲的水，就渴死了。另一位則認為見佛是最要緊的事，為了保存生命去見佛而喝了那有許多蟲的水，最後見到了佛。佛卻對他說：「你沒有見到佛，另外因渴死去的那位比丘早就見到佛了。」這故事是告訴我們：遵照佛的教導去修行佛法的人，就是真正見到佛了。如果僅把佛的色身當作佛，卻不遵照佛的教理或方法去修行的人，縱然佛在眼前，也不叫見到佛。

「空相」和「無相」是同義詞，在《金剛經》叫「無相」，有所謂「無我相、無人相、無眾生相、無壽者相」，實際上就是「五蘊皆空」。五蘊就是生命，我的生命叫我相，你的生命叫人相，眾生的生命叫眾生相，生命繼續活下去叫壽者相。

所以《金剛經》所謂的「四相」實際上就是「五蘊相」；《金剛經》所講的「無相」即是《心經》所說的「空相」。

借假除妄

為什麼「五蘊是空」？乃由於因緣所生之故。過去的因加上現在的緣，叫作因緣，幾種因素配合起來叫作因緣。由因緣配合而產生的生命現象，叫作因緣所生的我相、人相、眾生相、壽者相。這些就是幻起幻滅的空相。龍樹菩薩的《中觀論》說到：「眾因緣生法，我說即是無，亦為是假名，亦是中道義。」這四句話是說，「我」這樣東西實際上是空的，但假其名為「我」；雖然是空，但仍有假名存在，不相衝突，這叫「中道」。

「空相」這名稱，產生了「中觀」的印度哲學；「無相」的名稱，產生了中國的禪宗奧義；從五蘊的分析，特別是五蘊對心理的活動及意識的分析，而後產生印度佛教的另一派哲學，叫唯識瑜伽派。

「空」是「無常」及「變」的意思，用般若智慧看世間現象，無非是虛妄的，可是因為凡夫愚癡，對虛幻不實的東西產生分別執著，造作生死惡業。菩薩以慈悲心，借假除妄，在虛妄的世界行菩薩道，廣結善緣，普度眾生。

這段話是說，凡夫不知五蘊和合的身體、生命是空的，反加以執著，因而造成對自己及他人之困擾。換句話說，凡夫戀世，易導致混世，甚至亂世。聖人及菩薩以其智慧，知道五蘊所成的生命是暫時的、是空的、是假的，卻是利用它來自利利他，普度眾生，不為自己增加煩惱，又令眾生減少苦難。這兩者相較，理應知道如何取捨。我們雖是凡夫，但不須妄自菲薄，在聽了《心經》之後，更應有信心學習聖人及菩薩之智慧般若。

空與無常

「空」即是「無常」，它可以是「消極」的，但懂得佛法之後，它必定是「積極」的。有些人在遇到挫折、不如意的事時，或許是情感上的觸礁、事業上的失敗，甚至官場上的不得意，而自認為看破紅塵，要放下一切投入空門，要跟我來學佛、出家，我對這種人會勸他先做學佛的居士，弄清楚了出家的意義之後，再考慮想不想出家，否則出了家，還是會煩惱重重。如果這樣的人觀念轉變一下，覺悟到一切塵俗事他都經過了，明白世事是無常的，此後願意將生命供養給三寶，將身心奉獻給眾生而出家，那麼我會成就他的。

懂得佛法所說「無常」意義的人，是有智慧的人。在苦難當頭時，不會灰心、失望、氣餒；反之，即使處在如日中天的高峰狀態，也不會得意忘形，反而會產生居安思危之警惕心。因為懂得「無常」，如遭逢厄運，只要忍耐，要有毅力，命運會隨之改變；一旦成功，到達了巔峰，也要有危機感。這才是對「無常」和「空」的正確認識。

能夠把握「空」的義理，我們的人生將是非常有希望的，我們的前途是非常遠大光明的；反之，誤解了「空」的意思，則會變成消極而厭世，或者變成戀世而混世，最後造成亂世的悲情！

三、生命的超越

生滅・垢淨・增減

今晚要講的內容非常豐富，請諸位務必耐心地聽，否則一晃過去就銜接不上了。今天從「不生不滅，不垢不淨，不增不減」三句講起，並且要把整部《心經》講完，總共只有二百六十個字，卻是字字珠璣，要逐字逐句詳細地解釋。

從一般人的角度來看，世間的一切現象都是有生有滅、有垢有淨、有增有減的，幾乎每一個人都貪生怕死，把生與死看成絕對不同的兩回事。如果是一般人，若不迷戀人間，醉生夢死，便會厭倦人間，希望求生天國。

至於我們佛教徒看待人生，可分成四個層次：1.祈求消災免難，增福增壽；2.希望永離生死，進入涅槃；3.希望悲智雙運，將來能夠成佛；4.一般修淨土法門的人會先求生佛國淨土成就不退菩提，乘願再來人間。這是站在凡夫的立場而言，如果站在佛的果位來看，則沒有這種層次的必要了。

究竟佛國淨土是在哪裡呢？佛國淨土既不在東方、西方、南方或北方，不離地球世間，也不在地球世間，而是在每一個人的心中。《維摩經》說：「隨其心淨，則佛土淨。」《六祖壇經》說：「東方人造罪，念佛求生西方，西方人造罪，念佛求生何國？」這並不是否定西方淨土，而是說不要把「來」和「去」、「生」與「滅」、「凡」與「聖」視為兩極。因此，《六祖壇經》接著又說：「凡愚不了自性，不識身中淨土，願東願西。」諸位可還記得廣欽老和尚臨終時所講的兩句話：「無來無去，無什麼事情。」

如果有了般若的智慧，就能夠看透「有」等於「空」，「我」等於「虛妄」、等於「假」；能夠了知不僅世間的現象如夢、如幻、如泡、如影，即連成了佛的功德也不能夠執著，那才是大解脫、大自在。大家都知道，廣欽老和尚說的那句話已經成了名言，可是在你尚未往生之前，你能如此講嗎？而一旦你即將往生了，你又講得出來嗎？在那個情況下，你會感覺生與死不是兩回事嗎？

世間的一切現象如從統一的角度來看，生與滅是一物的兩種型態，垢與淨是一物的兩種體會，增與滅是一物的兩種衡量。所謂生與滅是一物的兩種型態，這很容易懂。任何一樣東西出現，叫作生，到最後不見了，叫作滅。任何一樣東西都無法脫離這個定律，有生必有滅。

而清淨和不清淨，若就同一樣東西來說，在不同的心情下所體會到的自然不一樣。有一次我看到一個年輕的母親，在為她剛出生不久的小寶寶換尿片，尿片上尿、屎都有，旁人看了說好髒喲！這位母親卻一點都不嫌髒，還為她的寶寶能按時解大小便而欣喜。

另外還有一個例子，我有個徒弟，換下來的襪子不洗，全放到床底下去，等所有乾淨的襪子換完之後，再從床底下翻出原先換下來的再穿。我忍不住對他說：「你怎麼如此髒呀！」他答道：「師父，都是我自己穿的東西，怎麼叫作髒呢？」我們在鄉村，常可發現野狗吃人糞的畫面，人類看了覺得噁心，可是野狗吃屎時，就像享受一餐美食那樣地津津有味。可見髒與不髒，端視當事者是用什麼心情去看待。

至於增和減也是一樣。譬如我們用泥土燒製成磚塊，把磚塊從磚窯搬運到各處工地，這邊的泥土和各處的磚塊，在數量上看起來是有了變化，其實搬來搬去都還在這地球上，泥土的實際數量並沒有增減。

我們地球上的人口愈來愈多，但是從宇宙整體來看，眾生界的數量並沒有增減，是因為有他方世界的眾生移民到地球世界來，所以地球上的人口、眾生的數量增加了；相對地，他方世界的眾生數則相形減少。就好像目前臺灣有很多人移民到紐、澳、美、加等國，臺灣的人口數量可能因此而略微減少，但是相對地，移民所到之處的人口會略增。就整個宇宙來講，各星球的眾生數雖有變動，但其總數並沒有增減上的差別。

如果從超越於對立，也超越於統一的立場來看，既然沒有「一」，當然也就不可能有「二」。關於前面所講的種種問題，在西方歐美社會不論是從哲學或從宗教來談，講到最後一定有個「一」。

然而在佛法來講，是不「一」不「二」，不「一」不「異」的；既不承認有多有「一」，也不意味什麼都沒有。「一」和「二」在基本上是相同的東西，有了一必定會有二，沒有二又如何知道有一呢！因此，佛法不講一，亦不講二，稱之為「無」，稱之為「空」。

我們現在從心念的例子來解釋這三句話。

「不生不滅」是指在現實生活中，心中已不會生起煩惱的念頭。

「不垢不淨」是指面對萬丈紅塵，心中不以眾生的煩惱心為不清淨的垢，也不以諸佛的智慧為淨。

「不增不減」是指在修行佛法的過程中，既不是為增長智慧，亦不是為減少煩惱。這是超越了對煩惱和智慧的執著，已經得到大自在、大解脫的人才能如此說。我們不是聖人，但不妨學習、模仿聖人的這種心懷。

不執五蘊為我

「是故空中無色，無受、想、行、識」，這句經文實際上講的就是「五蘊」，意思是沒有五蘊。前面說「五蘊皆空」，此處講空中無五蘊。「空」看起來好像沒有現象，但是佛法講的「空」是有現象的。以暫有的現象來看五蘊，五蘊就是空，空也就是無我。但是，請勿上當，五蘊雖空，卻是要如常地運作的。凡夫用五蘊來造善業及惡業，菩薩學佛則是用五蘊來修道度眾生。

不執六根及六塵

「無眼、耳、鼻、舌、身、意；無色、聲、香、味、觸、法」，是指人的生理構造、組織叫作六根，身體所接觸的環境叫作六塵；這六根加上六塵，稱之為十二處或十二入。「處」是著力點的意思，是指人在造業和修善的著力點。「入」是指功德的門路從此處開始，而造業作惡的門路亦從這裡開始，因此稱之為十二種入口。

諸位常聽到「六根不淨」這句話，一般將其解釋為出家人僧德有瑕疵。事實上真要做到六根清淨很不容易，是要做到《心經》上所說的無眼、耳、鼻、舌、身、意，無色、聲、香、味、觸、法，亦即是不再通過六根造作惡業，方能說是六根清淨。如果尚未成大菩薩，其六根都還是不清淨的。舉凡眼睛所看到、耳朵所聽到而心裡起了煩惱，就是眼根不淨、耳根不淨。可見，我們一般人沒有一個是六根清淨的。是以，我們自己的六根尚且不清淨，自不宜隨便批評他人六根不淨。

如果僅是六根與六塵，尚不能產生作用，一定要加上六識才能夠產生功或過的行為。六根、六塵再加上六識就成為十八界。總括來說，生理的構造和現象，眼、耳、鼻、舌、身、意形成六根；我們身體的官能所接觸到的環境和對象，稱之為六塵；而我們的身體和外邊的環境接觸之後所產生的心理反應，叫作六識。

不執十八界為我

接下來我們要把經文中的十八界一一標示出來，那就是「無眼界，乃至無意識界」。「界」是區分的範圍。人類生命的條件，簡單地說是五蘊，詳細地分析來說，便是六根、六塵、六識三類，一共十八項，叫作十八界。界的意思是每一個部分均有其一定的定義、一定的功能、一定的範圍。

現實人生的生活型態，就是由於自身的六根接觸到外境的六塵，產生六識的反應，又由六識的自我中心向外攀緣六塵境界，反被外界的六塵境界所誘惑，因而產生取捨等種種問題，引發出無限的苦惱。

如果以般若的智慧來觀察人類的身心世界，就能夠明白人類的身心世界原本是無常，原來是空，原先就無我，所以也就沒有真實的十八界。現在凡夫來看與身心世界相關的三個名詞，知道身體是六根，心是六識，我們存在的這個世界就是六塵；身、心、世界加起來就是十八界。

所謂沒有眼、耳、鼻、舌、身、意的六根，就是前兩晚所講「四大皆空」的意思。四大和合而成的這個肉體，我們叫作「色身」，它本來不存在，將來也不存在；現在雖暫時存在，卻隨時不斷地在新陳代謝，不是永遠地存在不變，因此稱之為無常、為空、為無我。

「無色、聲、香、味、觸、法」是指六塵界，亦非恆常不變之意。色是眼睛所接觸的，聲是耳朵所接觸的，香是鼻子所接觸的，味是舌頭所接觸的，觸是整個身體所接觸的；至於「法」是形象的符號。一、二、三、四、五等數字是符號；好、壞兩個名詞也算符號；語言文字是符號；觀念邏輯是符號，這種種的符號都被稱為「法」。

法有正、邪之分，我現在說的佛法是屬正法，但有些似是而非，譁眾取寵，看似很有道理，其實是自害害人的言論和信仰，則屬於邪法。都需要透過我們眼、耳、鼻、舌、身、意的「根」去接收，這些法，用「識」去理解。

在今天的時代，我們千萬不要隨便指責別人說的是邪法、是外道法，我們這麼說別人，別人一樣會如此說我們，這叫因果報應。我們只管自己努力弘揚正法，至於別人是否為邪法、或是外道法，則無需予以置評，讓有緣、有智慧的大眾自己抉擇。

眼、耳、鼻、舌、身、意的「六根」，和色、聲、香、味、觸、法的「六塵」，都空了之後，眼、耳、鼻、舌、身、意的「六識」，自然也就沒有作用了。因為如果沒有六根和六塵相接觸之事實，六識就不會產生反應的功能。就好比一句成語「眼不見為淨」，眼睛沒有看到任何事物，耳朵沒有聽到任何聲音，乃至意識沒有接受任何訊息，心裡就不會產生任何反應，不起任何煩惱。

但是，不執著十八界，卻也不要離開十八界，這才是真正的「空」。十八界雖可能據以造業，然亦可用來修行。凡夫用它來造業，佛與菩薩用它來度眾生。我們雖是凡夫，但要學習諸佛菩薩的精神，少造惡業，多結善緣。

不執十二因緣為我

經文「無無明，亦無無明盡；乃至無老死，亦無老死盡」，這是在講十二因緣。從「無明」到「老死」是人類生命三世流轉的流程，稱為三世十二因緣，也就是過去世、現在世、未來世，緣生緣滅的關係。三世十二因緣說明人類生命的生從何來，出生之後如何生存，死後又往何處，以及怎麼必定會有來生。許多人都有這些疑問，為什麼父母要把你生下來？你活在這世界上究竟是為了什麼？將來死了之後又是如何？這些問題都要從十二因緣來得到答案。

十二因緣的「因緣」二字，有時間和空間不同的用法。從空間的因緣來講，那是五蘊的聚散關係，亦即由於我們身心的結合，形成一個人從出生到死亡的事實。若從時間的交替關係看，則是十二因緣串連成的三世因果。

要了解三世十二因緣的關係，必須先知道什麼是十二因緣。十二因緣是無明、行、識、名色、六入、觸、受、愛、取、有、生和老死的十二項。前三項的無明、行、識，屬於過去世。

從無始以來有了煩惱的種子，叫作「無明」。有了無明的煩惱之後，就產生身心的行為，稱之為「行」。有了身心的行為之後，就產生業識的力量，而造成從此生到來生，一生又一生的過程；這個推動生生流轉不已的力量，叫作業識。我們每一個人在過去世都已具備了這三個項目。

這兩年在世界各地很轟動的一本書叫《前世今生》（*Many Lives, Many Masters*），很多人都看過了。你們知道自己的前世是怎麼回事嗎？很多人都想知道自己的過去世，想透過催眠術知道過去世的情形。這並不可靠，不要上當，因為過去由無始以來，已有無量世了，怎麼看得清呢？

《心經》上所講的才是最可靠的，我們過去一定是因為有了煩惱而產生種種行為，由於行為而產生業識，所以這一世又來投胎成為人了。我們今生所接受到的，全是過去多生多世所造作善惡業的結果。

今天上午我在非常忙碌的情況下，準備喝一杯治喉嚨不舒服的中藥，以免影響今晚的講經。有一位居士來看我，竟然把他的茶倒進我的藥裡。我說：「菩薩！這是我的藥呀！」他說：「這就是業障。」我還真不知道是他的業障造了業，還是我的業障在受報。可以說是我的業障，但是他在粗心之中造了業。雖然他是無心的，但是他不應該把他的茶倒在師父的杯子裡，這是不禮貌的行為。

名色、六入、觸、受、愛、取、有等七個項目，屬於現在世。「名色」是指剛入胎的胚胎。「六入」是六根具足，已經形成「人」的形體，但是仍在母胎之中，也就是我們所謂的「胎兒」。「觸」是人一出生即從嬰兒開始，其六根便接觸了外界的環境。「受」是接觸之後產生苦、樂、憂、喜、捨等五受。

有一次我看到一個剛出生的嬰兒，接出產房便哇哇地哭個不停。旁邊有個人說，人真可憐，一生要受苦受難，所以一出生就哭了；另外一個則說，不是這樣，等了很久，終於來到人間，是因為太高興了才哭的。請問諸位，嬰兒究竟是因苦而哭，還是喜極而泣呢？我們大家都曾經是嬰兒，但都忘了是為何而哭了。從佛經來看，嬰兒在剛出生的時候，是什麼都不知道，沒什麼喜、怒、哀、樂的問題，但是嬌嫩的身體突然接觸到空氣，覺得並不舒服，所以哭了。

一般而言，「愛」與「恨」是對立的，在十二因緣中的「愛」，跟恨則是完全一樣的情境。有了受的感觸，覺受之後，對於順意的便「貪愛」，不順意的便會「瞋恨」。「取」是對於喜歡的要去爭取，不喜歡的則加以抵抗、拒絕，由是而造成種種的善惡行為。有了善惡的行為之後，隨之有了業識，這業識中的種子促使此生結束之後，再去接受來生。

由於此生的業力而招感來生的果報，接受了未來生之後，最終仍然不離老死的循環結果。「老死」的梵文是「jarā-maraṇa」，意思是在生了之後，漸漸地就在趨向衰壞，以至死亡，不論存活一天、二天乃至百年，都是從老至死的時間過程，所經歷的不論是長是短，一定是走上此生生命的終站。

十二因緣無非是苦的原因以及苦的果報。在四聖諦中把苦的原因稱為「集諦」，苦的果報稱為「苦諦」。

《心經》中講的「無無明」，是指先要沒有無明，才能夠沒有煩惱；沒有煩惱才不會造作種種行為；沒有行為才不會產生果報的身體。無無明是從煩惱得到解脫。然後要超越於無無明，便是「亦無無明盡」；是說雖然已經從煩惱的生死苦、恐怖感、壓迫感中得到解脫，但是為了救度眾生，仍然在生死之中自由出入。

生死的苦報是由無明而來，菩薩與佛皆已斷無明，已得解脫生死，但為慈悲度眾，依然出入於生死的環境之中幫助眾生。凡夫是以業報得生死，故感覺到苦；諸佛菩薩則是以其本願入生死，故不失自在。

「乃至無老死」是從「行」至「老死」的十一個因緣得解脫。

「亦無老死盡」是不為生、老、病、死所困，也不執著不生、不老、不病、不死。

大乘人從十二因緣的生死苦海得到解脫，仍然要運用十二因緣、三世因果的關係修行菩薩道。小乘人厭離生死，而大乘的菩薩不貪戀生死，同時也不逃離生死，要在生死之中度無量眾生。

不執四聖諦

接下來要講經文四聖諦法的「無苦、集、滅、道」。苦、集、滅、道是小乘法，無苦、集、滅、道是大乘的菩薩法。關於「苦」，我們剛才講了，生死、煩惱是苦的結果。「集」是製造種種罪惡和惡業，預備於將來得到生死、煩惱等苦的結果。「滅」是希望在懂得佛法之後，修持菩薩道與佛道，來中斷苦的原因，來滅除苦的果報。

諸位常會聽到兩句廣為佛教徒使用的話：「隨緣消舊業，更不造新殃。」意思是我們既然得到這果報的身體，應該要接受它、改善它，同時更不要再用它來製造損人不利己的惡業了。這就叫滅苦之道。

「苦」與「苦集」是生死的流轉；「修道」與「滅苦」是生死的還滅。如果能修行解脫道以及菩薩道，便能滅苦而得自度，並進而廣度一切眾生。所謂「解脫道」是少欲知足，「菩薩道」是自利利他。很多人因少欲知足而變得消極，什麼事也不做了，那是錯的。物質的自我要少欲知足，修行菩薩道的方式要自利利他。綜合來講，「苦、集、滅、道」是佛法說人生是苦，而又如何離苦的基本原則。就修行而言，小乘主張離苦入滅，不再接受生死；大乘主張在生死中不受生死轉，故對於「苦、集、滅、道」也不起執著。

無智亦無得

經文「無智亦無得，以無所得故」的「智」是般若，「得」是得到結果。菩薩有深般若的智慧，所以能知「空」而離「苦」。凡夫眾生則必須求得般若的智慧方能離苦，所以說有所「得」。其實只要不造惡業的因，多修六波羅蜜的菩薩道，不要為煩惱的私利有所求，便得大自在，便得大智慧；有了大智慧則心胸廣大如虛空，也就不會覺得得到了什麼智慧。

諸位對「大智若愚」及「虛懷若谷」這兩句話，必定都耳熟能詳。真正有大智慧的人是不會表現出很有智慧的樣子的；有智慧而不自以為有智慧，那才是真正的有智慧。有成就而不自以為有成就，方為真正的大成就。有大錢而不自認為是自己個人有錢，認為錢財是屬於眾人所有，這才是真正真正有錢的人。這就叫作「無智亦無得」。

一切的東西，你認為所得到的，其實並沒有真正得到，有形的東西不可得，連身體最後尚且都要消失。有人說兩手空空而來，兩手空空而去，其實最後連手都要爛掉，哪來的兩手呀？因此，有形的東西不可能得，無形的東西更不可得了。

解脫和涅槃

「菩提薩埵」是菩薩的全稱，意為自覺覺他的有情眾生。菩薩因有深般若波羅蜜多而能「心無罣礙」，而能「無有恐怖」，而能「遠離顛倒夢想」，達到「究竟涅槃」成佛的境地。

「心無罣礙」是不受一切現象的幻影幻象的影響而起煩惱。「無有恐怖」是不再貪生怕死，也不再患得患失。恐怖的意思相當多，有的人怕窮，有人怕病，有人怕權勢，有人怕陰謀，有人怕災難等等，這些總括起來說就是怕危險、怕倒楣、怕死亡。死亡是最可怕的，生命沒有安全感是最大的恐怖。

「顛倒」有四種，叫四顛倒。以我們五蘊的身心來講，即以無常為常，以不淨為淨，以苦為樂，以無我為我。從佛法的觀點來看人的身心，是無常、不淨、苦、無我的，但是凡夫眾生卻顛倒過來想，認為人會永遠繁衍生存下去；對於色身覺得很乾淨；認為自己的生活中有很多的快樂；認為內內外外都屬於自我。因而對自己、對他人，帶來很多的困擾及麻煩。

涅槃分成三種：1.為外道凡夫的「假涅槃」，或稱為「相似涅槃」，譬如有一些宗教的信眾，自認為已經得解脫，實際上似是而非，尚未得解脫；2.為小乘的「小涅槃」，羅漢以為從此以後已經得究竟，其實尚未成佛，他們將來還是要迴小乘轉向大乘，任何一位羅漢最後仍然要發無上菩提心成就佛道；3.為大乘諸佛的「大涅槃」，到了佛的境界，完成無上正遍知覺，或稱為「究竟涅槃」。

三世諸佛如何成佛

接下來談到三世諸佛是如何成佛的。「三世諸佛，依般若波羅蜜多故，得阿耨多羅三藐三菩提」，這是說三世諸佛乃是依般若智慧而成佛。可見智慧實是成佛的主要因素。在佛教的四大菩薩之中，代表諸佛智慧的文殊師利菩薩，便被稱為三世諸佛之母。

下邊的經文指出這部《心經》乃是至高無上的究竟法門。因此說「故知般若波羅蜜多」是佛法之中最有用、最踏實、最高超的法門，它就是大神咒、大明咒、無上咒、無等等咒。

所謂「大神咒」是指《心經》的般若波羅蜜多慈悲廣大、應用自在，隨著人、時、地、物的需要而做靈活廣大的因應。廣大靈感，有求必應，有願必成。遇大苦救大苦、逢小難除小難。無論遇到什麼樣的災難，都可以化大為小，化小為無。也可以說，大神咒是有大功能的，表現出諸佛菩薩大慈大悲的救世精神。我們也應該學習這樣的精神，而不是光用嘴巴念大神咒。在別人有災難有麻煩時，伸出援手幫別人解決困難，那麼我們自己本身就變成大神咒的力量了。

「是大明咒」是指《心經》的般若波羅蜜多智慧廣大，隨著人、時、地、物的情況而做恰到好處的應對處理。能靈活應用於凡夫的日常生活之中，引導凡夫走出感性與理性相調和的路來；既能自得其樂，又能利益眾生。所以說，《心經》實在是太好了，它代表了佛菩薩大智慧的功能。

「是無上咒」，意思是說，其他任何一種神咒、任何一種明咒（祕密咒語，又稱為禁咒真言），不能夠超過《心經》的般若智慧這樣威力和功效的了。

「是無等等咒」，意思是說，沒有另外任何明咒的功效，可以跟《心經》的般若智慧相比的了。

經文「能除一切苦，真實不虛」，這兩句話正好使整部《心經》前後呼應。經文的開頭提到：「觀自在菩薩，行深般若波羅蜜多時，照見五蘊皆空，度一切苦厄。」我們如果有了《心經》的智慧，便能像觀世音菩薩一樣，照見五蘊組成的身心皆空，當然也就能除一切苦難。這自然是真的，不是假的，沒有置疑的餘地。

接下來是一段咒語，其實「般若波羅蜜多」便是咒語的本身，《心經》到此，應該是已經全部完了。現在各種譯本的《心經》之末，都有如下的這段咒語，我們還是把它翻譯一下。

經文「即說咒曰：揭諦，揭諦，波羅揭諦，波羅僧揭諦，菩提薩婆訶」。「揭諦」是「去」的意思。「波羅揭諦」是去彼岸，到彼岸去的意思。「波羅僧揭諦」是說我們大家一起去，一起到彼岸去。去做什麼呢？去成就佛道，即是「菩提薩婆訶」。若將整個咒語連起來翻譯是：「去！去！去彼岸！大家去彼岸！大家一起去彼岸，成就菩提佛道！」

四、後記

由於《心經》的魅力和國父紀念館的場地設備好，這三天晚上聽經的菩薩非常踴躍，以致除了這大廳之外，連館外其他四個廳及走道都坐滿了聽眾，非常感謝大家的熱心參加。對於這些無法在大廳聽講的菩薩們的不便，我感到很抱歉，我在這裡向你們致意。

我們這一次講經法會，歷經半年的籌備，出錢出力的菩薩非常多，特別還要感謝負責錄影轉播的中華電視公司和負責攝影製作的諸位菩薩。

最後，我謹把講經的全部功德迴向給各位，謝謝諸位！祝福諸位！阿彌陀佛！

（本講稿一九九五年二月十七日至十九日的三晚，講於臺北市國父紀念館，由葉果智居士整理錄音帶成稿，嗣經溫天河居士修潤，最後經聖嚴法師親閱修訂，完成於一九九五年十二月四日）

第四篇 《心經》異譯

一、《摩訶般若波羅蜜大明咒經》

姚秦．天竺三藏鳩摩羅什譯

觀世音菩薩，行深般若波羅蜜時，照見五陰空，度一切苦厄。舍利弗！色空故無惱壞相，受空故無受相，想空故無知相，行空故無作相，識空故無覺相。何以故？舍利弗！非色異空，非空異色；色即是空，空即是色；受、想、行、識，亦如是。舍利弗！是諸法空相，不生不滅，不垢不淨，不增不減。是空法，非過去、非未來、非現在。是故空中無色，無受、想、行、識，無眼、耳、鼻、舌、身、意；無色、聲、香、味、觸、法；無眼界，乃至無意識界。無無明，亦無無明盡；乃至無老死，無老死盡。無苦、集、滅、道。無智亦無得。以無所得故，菩薩依般若波羅蜜故，心無罣礙；無罣礙故，無有恐怖，離一切顛倒夢想苦惱，究竟涅槃。三世諸佛依般若波羅蜜故，得阿耨多羅三藐三菩提。故知般若波羅蜜，是大明咒，無上明咒，無等等明咒，能除一切苦，真實不虛。故說般若波羅蜜咒，即說咒曰：

竭帝，竭帝，波羅竭帝，波羅僧竭帝，菩提僧莎呵。

《摩訶般若波羅蜜大明咒經》

（《大正藏》第八冊八四七頁下）

二、《般若波羅蜜多心經》（梵文 *Prajñāpāramitā hṛdaya*）

唐．三藏法師玄奘譯

觀自在菩薩，行深般若波羅蜜多時，照見五蘊皆空，度一切苦厄。舍利子！色不異空，空不異色；色即是空，空即是色；受、想、行、識，亦復如是。舍利子！是諸法空相，不生不滅，不垢不淨，不增不減。是故空中無色，無受、想、行、識。無眼、耳、鼻、舌、身、意；無色、聲、香、味、觸、法；無眼界，乃至無意識界。無無明，亦無無明盡；乃至無老死，亦無老死盡。無苦、集、滅、道。無智亦無得。以無所得故，菩提薩埵，依般若波羅蜜多故，心無罣礙；無罣礙故，無有恐怖，遠離顛倒夢想，究竟涅槃。三世諸佛，依般若波羅蜜多故，得阿耨多羅三藐三菩提。故知般若波羅蜜多，是大神咒，是大明咒，是無上咒，是無等等咒；能除一切苦，真實不虛。故說般若波羅蜜多咒，即說咒曰：

揭帝，揭帝，般羅揭帝，般羅僧揭帝，菩提僧莎訶。

（梵語咒文）Gate gate pāragate pārasaṃgate bodhi svāhā.

《般若波羅蜜多心經》

（《大正藏》第八冊八四八頁下）

三、《普遍智藏般若波羅蜜多心經》

唐．摩竭提國三藏沙門法月重譯

如是我聞，一時佛在王舍大城靈鷲山中，與大比丘眾滿百千人，菩薩摩訶薩七萬七千人俱，其名曰觀世音菩薩、文殊師利菩薩、彌勒菩薩等，以為上首。皆得三昧總持，住不思議解脫。

爾時觀自在菩薩摩訶薩，在彼敷坐，於其眾中，即從座起，詣世尊所，面向合掌曲躬恭敬，瞻仰尊顏而白佛言：「世尊！我欲於此會中，說諸菩薩普遍智藏般若波羅蜜多心，唯願世尊，聽我所說，為諸菩薩宣祕法要。」

爾時世尊，以妙梵音，告觀自在菩薩摩訶薩言：「善哉善哉，具大悲者！聽汝所說，與諸眾生，作大光明。」

於是觀自在菩薩摩訶薩蒙佛聽許，佛所護念，入於慧光三昧正受。入此定已，以三昧力，行深般若波羅蜜多時，照見五蘊自性皆空，彼了知五蘊自性皆空。從彼三昧安詳而起，即告慧命舍利弗言：「善男子！菩薩有般若波羅蜜多心，名普遍智藏，汝今諦聽，善思念之，吾當為汝分別解說。」作是語已。

慧命舍利弗，白觀自在菩薩摩訶薩言：「唯大淨者，願為說之，今正是時。」於斯告舍利弗：「諸菩薩摩訶薩應如是學，色性是空，空性是色；色不異空，空不異色；色即是空，空即是色；受、想、行、識，亦復如是。識性是空，空性是識；識不異空，空不異識；識即是空，空即是識。舍利子！是諸法空相，不生不滅，不垢不淨，不增不減。是故空中無色，無受、想、行、識。無眼、耳、鼻、舌、身、意，無色、聲、香、味、觸、法，無眼界，乃至無意識界。無無明，亦無無明盡；乃至無老死，亦無老死盡。無苦、集、滅、道。無智亦無得。以無所得故，菩提薩埵，依般若波羅蜜多故，心無罣礙；無罣礙故，無有恐怖，遠離顛倒夢想，究竟涅槃。三世諸佛依般若波羅蜜多故，得阿耨多羅三藐三菩提。故知般若波羅蜜多，是大神咒，是大明咒，是無上咒，是無等等咒，能除一切苦，真實不虛。故說般若波羅蜜多咒，即說咒曰：揭諦揭諦，波羅揭諦，波羅僧揭諦，菩提莎婆訶。」

佛說是經已，諸比丘及菩薩眾，一切世間天人、阿脩羅、乾闥婆等，聞佛所說，皆大歡喜，信受奉行。

《普遍智藏般若波羅蜜多心經》

（《大正藏》第八冊八四九頁上至中）

四、《般若波羅蜜多心經》

唐．罽賓國三藏般若共利言等譯

如是我聞，一時佛在王舍城耆闍崛山中，與大比丘眾及菩薩眾俱。時佛世尊，即入三昧，名廣大甚深。爾時眾中有菩薩摩訶薩，名觀自在，行深般若波羅蜜多時，照見五蘊皆空，離諸苦厄。即時舍利弗，承佛威力，合掌恭敬，白觀自在菩薩摩訶薩言：「善男子！若有欲學甚深般若波羅蜜多行者，云何修行？」如是問已。

爾時觀自在菩薩摩訶薩告具壽舍利弗言：「舍利子！若善男子、善女人，行甚深般若波羅蜜多行時，應觀五蘊性空。舍利子！色不異空，空不異色；色即是空，空即是色；受、想、行、識，亦復如是。舍利子！是諸法空相，不生不滅，不垢不淨，不增不減。是故空中無色，無受、想、行、識。無眼、耳、鼻、舌、身、意；無色、聲、香、味、觸、法；無眼界，乃至無意識界。無無明，亦無無明盡；乃至無老死，亦無老死盡。無苦、集、滅、道。無智亦無得。以無所得故，菩提薩埵，依般若波羅蜜多故，心無罣礙；無罣礙故，無有恐怖，遠離顛倒夢想，究竟涅槃。三世諸佛，依般若波羅蜜多故，得阿耨多羅三藐三菩提。故知般若波羅蜜多，是大神咒，是大明咒，是無上咒，是無等等咒，能除一切苦，真實不虛。故說般若波羅蜜多咒，即說咒曰：

蘖諦，蘖諦，波羅蘖諦，波羅僧蘖諦，菩提娑婆訶。」

「如是舍利弗！諸菩薩摩訶薩於甚深般若波羅蜜多行，應如是行。」如是說已。

即時世尊從廣大甚深三摩地起，讚觀自在菩薩摩訶薩言：「善哉善哉，善男子！如是如是，如汝所說。甚深般若波羅蜜多行，應如是行。如是行時，一切如來皆悉隨喜。」

爾時世尊說是語已，具壽舍利弗大喜充遍，觀自在菩薩摩訶薩亦大歡喜。時彼眾會，天人、阿修羅、乾闥婆等，聞佛所說，皆大歡喜，信受奉行。

《般若波羅蜜多心經》

（《大正藏》第八冊八四九頁中至八五〇頁上）

五、《般若波羅蜜多心經》

唐．上都大興善寺三藏沙門智慧輪奉詔譯

如是我聞，一時薄誐梵，住王舍城鷲峯山中，與大苾芻眾，及大菩薩眾俱。爾時世尊，入三摩地，名廣大甚深照見。時眾中有一菩薩摩訶薩，名觀世音自在，行甚深般若波羅蜜多行時，照見五蘊自性皆空。即時具壽舍利子，承佛威神，合掌恭敬，白觀世音自在菩薩摩訶薩言：「聖者！若有欲學甚深般若波羅蜜多行，云何修行？」如是問已。

爾時觀世音自在菩薩摩訶薩，告具壽舍利子言：「舍利子！若有善男子、善女人，行甚深般若波羅蜜多行時，應照見五蘊自性皆空，離諸苦厄。舍利子！色空，空性見色。色不異空，空不異色；是色即空，是空即色；受、想、行、識，亦復如是。舍利子！是諸法性相空，不生不滅，不垢不淨，不減不增。是故空中無色，無受、想、行、識。無眼、耳、鼻、舌、身、意；無色、聲、香、味、觸、法；無眼界，乃至無意識界。無無明，亦無無明盡；乃至無老死盡。無苦、集、滅、道。無智證無得。以無所得故，菩提薩埵，依般若波羅蜜多住，心無障礙。心無障礙故，無有恐怖，遠離顛倒夢想，究竟寂然。三世諸佛，依般若波羅蜜多故，得阿耨多羅三藐三菩提，現成正覺。故知般若波羅蜜多，是大真言，是大明真言，是無上真言，是無等等真言，能除一切苦，真實不虛。故說般若波羅蜜多真言，即說真言：

唵，誐帝，誐帝，播囉誐帝，播囉散誐帝，冒地娑縛賀。」

「如是舍利子！諸菩薩摩訶薩，於甚深般若波羅蜜多行，應如是學。」

爾時世尊，從三摩地安祥而起，讚觀世音自在菩薩摩訶薩言：「善哉善哉，善男子！如是如是，如汝所說。甚深般若波羅蜜多行，應如是行。如是行時，一切如來，悉皆隨喜。」爾時世尊如是說已，具壽舍利子，觀世音自在菩薩及彼眾會一切世間天人、阿蘇囉、巘馱嚩等，聞佛所說，皆大歡喜，信受奉行。

《般若波羅蜜多心經》

（《大正藏》第八冊八五〇頁上至中）

六、《佛說聖佛母般若波羅蜜多經》

宋．西天譯經三藏朝奉大夫試光祿卿傳法大師賜紫臣施護奉詔譯

如是我聞，一時世尊，在王舍城鷲峯山中，與大苾芻眾千二百五十人俱，并諸菩薩摩訶薩眾，而共圍繞。

爾時世尊，即入甚深光明，宣說正法三摩地。時觀自在菩薩摩訶薩在佛會中；而此菩薩摩訶薩，已能修行甚深般若波羅蜜多，觀見五蘊自性皆空。爾時尊者舍利子，承佛威神，前白觀自在菩薩摩訶薩言：「若善男子、善女人，於此甚深般若波羅蜜多法門，樂欲修學者，當云何學？」

時觀自在菩薩摩訶薩，告尊者舍利子言：「汝今諦聽，為汝宣說。若善男子、善女人，樂欲修學此甚深般若波羅蜜多法門者，當觀五蘊自性皆空。何名五蘊自性空耶？所謂即色是空，即空是色；色無異於空，空無異於色；受、想、行、識，亦復如是。舍利子！此一切法，如是空相，無所生，無所滅；無垢染，無清淨；無增長，無損減。舍利子！是故空中無色，無受、想、行、識。無眼、耳、鼻、舌、身、意；無色、聲、香、味、觸、法；無眼界，無眼

識界，乃至無意界，無意識界。無無明，無無明盡；乃至無老死，亦無老死盡。無苦、集、滅、道。無智，無所得，亦無無得。舍利子！由是無得故，菩薩摩訶薩，依般若波羅蜜多相應行故，心無所著，亦無罣礙；以無著無礙故，無有恐怖，遠離一切顛倒妄想，究竟圓寂。所有三世諸佛，依此般若波羅蜜多故，得阿耨多羅三藐三菩提。是故應知，般若波羅蜜多，是廣大明，是無上明，是無等等明，而能息除一切苦惱，是即真實，無虛妄法。諸修學者，當如是學。我今宣說般若波羅蜜多大明曰：

怛𠹷他，唵，誐帝，誐帝，播囉誐帝，播囉僧誐帝，冒提莎賀。」

「舍利子！諸菩薩摩訶薩，若能誦是般若波羅蜜多明句，是即修學甚深般若波羅蜜多。」

爾時世尊，從三摩地安詳而起，讚觀自在菩薩摩訶薩言：「善哉善哉！善男子，如汝所說，如是如是。般若波羅蜜多，當如是學。是即真實最上究竟，一切如來亦皆隨喜。」

佛說此經已，觀自在菩薩摩訶薩，并諸苾芻，及至世間天人、阿修羅、乾闥婆等，一切大眾，聞佛所說，皆大歡喜，信受奉行。

《佛說聖佛母般若波羅蜜多經》

（《大正藏》第八冊八五二頁中至下）

七、《般若波羅蜜多心經》（敦煌石室本）

唐．國大德三藏法師沙門法成譯

如是我聞，一時薄伽梵，住王舍城鷲峯山中，與大苾蒭眾，及諸菩薩摩訶薩俱。爾時世尊等入甚深明了三摩地法之異門。

復於爾時，觀自在菩薩摩訶薩，行深般若波羅蜜多時，觀察照見五蘊體性，悉皆是空。

時具壽舍利子，承佛威力，白聖者觀自在菩薩摩訶薩曰：「若善男子，欲修行甚深般若波羅蜜多者，復當云何修學？」作是語已。

觀自在菩薩摩訶薩，答具壽舍利子言：「若善男子及善女人，欲修行甚深般若波羅蜜多者，彼應如是觀察：五蘊體性皆空，色即是空，空即是色；色不異空，空不異色；如是受、想、行、識，亦復皆空。是故舍利子！一切法空性，無相、無生、無滅、無垢離垢，無減無增。舍利子！是故爾時，空性之中，無色、無受、無想、無行、亦無有識。無眼、無耳、無鼻、無舌、無身、無意；無色、無聲、無香、無味、無觸、無法；無眼界，乃至無意識界。無無明，亦無無明盡；乃至無老死，亦無老死盡。無苦、集、滅、道。無智無得，亦無不得。是故舍利子！以無所得故，諸菩薩眾，依止般若波羅蜜多，心無障礙，無有恐怖，超過顛倒，究竟涅槃。三世一切諸佛，亦皆依般若波羅蜜多故，證得無上正等菩提。舍利子！是故當知般若波羅蜜多大蜜咒者，是大明咒，是無上咒，是無等等咒，能除一切諸苦之咒，真實無倒。故知般若波羅蜜多，是祕密咒，即說般若波羅蜜多咒曰：峩帝，峩帝，波囉峩帝，波囉僧峩帝，菩提莎訶。」

「舍利子！菩薩摩訶薩，應如是修學甚深般若波羅蜜多。」

爾時世尊從彼定起，告聖者觀自在菩薩摩訶薩曰：「善哉善哉，善男子！如是如是，如汝所說。彼當如是修學般若波羅蜜多，一切如來，亦當隨喜。」

時薄伽梵說是語已，具壽舍利子，聖者觀自在菩薩摩訶薩，一切世間天人、阿蘇羅、乾闥婆等，聞佛所說，皆大歡喜，信受奉行。

《般若波羅蜜多心經》

（《大正藏》第八冊八五〇頁中至八五一頁上）

八、《摩訶般若波羅蜜經》卷一〈習應品〉節錄

後秦．鳩摩羅什譯

舍利弗白佛言：「世尊！菩薩摩訶薩云何習應般若波羅蜜，與般若波羅蜜相應？」佛告舍利弗：「菩薩摩訶薩習應色空，是名與般若波羅蜜相應；習應受、想、行、識空，是名與般若波羅蜜相應。復次舍利弗！菩薩摩訶薩習應眼空，是名與般若波羅蜜相應；習應耳、鼻、舌、身、心空，是名與般若波羅蜜相應；習應色空，是名與般若波羅蜜相應。習應聲、香、味、觸、法空，是名與般若波羅蜜相應；習應眼界空、色界空、眼識界空，是名與般若波羅蜜相應；習應耳聲識、鼻香識、舌味識、身觸識、意法識界空，是名與般若波羅蜜相應。習應苦空，是名與般若波羅蜜相應；習應集、滅、道空，是名與般若波羅蜜相應。習應無明空，是名與般若波羅蜜相應；習應行、識、名色、六入、觸、受、愛、取、有、生、老死空，是名與般若波羅蜜相應。習應一切諸法空，若有為、若無為，是名與般若波羅蜜相應。復次舍利弗！菩薩摩訶薩習應性空，是名與般若波羅蜜相應。如是舍利弗！菩薩摩訶薩行般若波羅蜜，習應七空，所謂性空、自相空、諸法空、無所得空、無法空、有法空、無法有法

空，是名與般若波羅蜜相應。」佛告舍利弗：「菩薩摩訶薩習應七空時，不見色，若相應若不相應。不見受、想、行、識，若相應若不相應；不見色，若生相、若滅相。不見受、想、行、識，若生相、若滅相；不見色，若垢相、若淨相。不見受、想、行、識，若垢相、若淨相。不見色與受合，不見受與想合，不見想與行合，不見行與識合。何以故？無有法與法合者，其性空故。舍利弗！色空中無有色，受、想、行、識空中無有識。舍利弗！色空故無惱壞相，受空故無受相，想空故無知相，行空故無作相，識空故無覺相。何以故？舍利弗！色不異空，空不異色；色即是空，空即是色；受、想、行、識亦如是。舍利弗！是諸法空相，不生不滅，不垢不淨，不增不減。是空法，非過去、非未來、非現在。是故空中無色，無受、想、行、識；無眼、耳、鼻、舌、身、意；無色、聲、香、味、觸、法；無眼界，乃至無意識界。亦無無明，亦無無明盡；乃至亦無老死，亦無老死盡。無苦、集、滅、道；亦無智亦無得；亦無須陀洹、無須陀洹果，無斯陀含、無斯陀含果，無阿那含、無阿那含果，無阿羅漢、無阿羅漢果，無辟支佛、無辟支佛道，無佛、亦無佛道。舍利弗！菩薩摩訶薩如是習應，是名與般若波羅蜜相應。」

（《大正藏》第八冊二二二頁下至二二三頁上）

九、《大般若波羅蜜多經》卷四初分〈學觀品〉第二之二節錄

唐．玄奘譯

爾時舍利子白佛言：「世尊！云何菩薩摩訶薩應行般若波羅蜜多？」佛告具壽舍利子言：「舍利子！菩薩摩訶薩修行般若波羅蜜多時，應如是觀：實有菩薩，不見有菩薩，不見菩薩名；不見般若波羅蜜多，不見般若波羅蜜多名。不見行，不見不行。何以故？舍利子！菩薩自性空，菩薩名空。所以者何？色自性空，不由空故，色空非色；色不離空，空不離色；色即是空，空即是色。受、想、行、識自性空，不由空故，受、想、行、識空，非受、想、行、識；受、想、行、識不離空，空不離受、想、行、識；受、想、行、識即是空，空即是受、想、行、識。何以故？舍利子！此但有名，謂為菩提；此但有名，謂為薩埵；此但有名，謂為菩提薩埵；此但有名，謂之為空；此但有名，謂之為色、受、想、行、識。如是自性，無生、無滅、無染、無淨。菩薩摩訶薩，如是行般若波羅蜜多，不見生不見滅，不見染不見淨。何以故？但假立客名，別別於法而起分別；假立客名，隨起言說，如如言說，如是如是生起執著。菩薩

摩訶薩修行般若波羅蜜多時，於如是等一切不見，由不見故不生執著。」

「復次舍利子！諸菩薩摩訶薩修行般若波羅蜜多時，應如是觀：菩薩但有名，佛但有名，般若波羅蜜多但有名；色但有名，受、想、行、識但有名；眼處但有名，耳、鼻、舌、身、意處但有名；色處但有名，聲、香、味、觸、法處但有名；眼界但有名，耳、鼻、舌、身、意界但有名；色界但有名，聲、香、味、觸、法界但有名；眼識界但有名，耳、鼻、舌、身、意識界但有名；眼觸但有名，耳、鼻、舌、身、意觸但有名；眼觸為緣所生諸受但有名，耳、鼻、舌、身、意觸為緣所生諸受但有名；地界但有名，水、火、風、空、識界但有名；因緣但有名，等無間緣、所緣緣、增上緣但有名；從緣所生諸法但有名；無明但有名，行、識、名色、六處、觸、受、愛、取、有、生、老死，愁歎苦憂惱但有名。」

（《大正藏》第五冊十七頁中至十八頁上）

十、《大般若波羅蜜多經》卷四〇三第二分〈觀照品〉第三之二節錄

唐・玄奘譯

「舍利子！諸色空，彼非色。諸受、想、行、識空，彼非受、想、行、識。何以故？舍利子！諸色空，彼非變礙相；諸受空，彼非領納相；諸想空，彼非取像相；諸行空，彼非造作相；諸識空，彼非了別相。何以故？舍利子！色不異空，空不異色；色即是空，空即是色。受、想、行、識不異空，空不異受、想、行、識；受、想、行、識即是空，空即是受、想、行、識。

舍利子！是諸法空相，不生不滅，不染不淨，不增不減；非過去，非未來，非現在。如是空中無色，無受、想、行、識；無眼處，無耳、鼻、舌、身、意處；無色處，無聲、香、味、觸、法處；無眼界、色界、眼識界，無耳界、聲界、耳識界，無鼻界、香界、鼻識界，無舌界、味界、舌識界，無身界、觸界、身識界，無意界、法界、意識界。無無明亦無無明滅，乃至無老死愁歎苦憂惱，亦無老死愁歎苦憂惱滅；無苦聖諦，無集、滅、道聖諦；無得，無現觀；無預流，無預流果；無一來，無一來果；無不還，無不還果；無阿羅

漢，無阿羅漢果；無獨覺，無獨覺菩提；無菩薩，無菩薩行；無正等覺，無正等覺菩提。

舍利子！修行般若波羅蜜多菩薩摩訶薩，與如是法相應故，應言與般若波羅蜜多相應。

復次，舍利子！修行般若波羅蜜多菩薩摩訶薩，不見布施波羅蜜多，若相應若不相應；不見淨戒、安忍、精進、靜慮、般若波羅蜜多，若相應若不相應；不見色，若相應若不相應；不見受、想、行、識，若相應若不相應；不見眼處，若相應若不相應；不見耳、鼻、舌、身、意處，若相應若不相應；不見色處，若相應若不相應；不見聲、香、味、觸、法處，若相應若不相應；不見眼界、色界、眼識界，若相應若不相應；不見耳界、聲界、耳識界，若相應若不相應；不見鼻界、香界、鼻識界，若相應若不相應；不見舌界、味界、舌識界，若相應若不相應；不見身界、觸界、身識界，若相應若不相應；不見意界、法界、意識界，若相應若不相應；不見四念住，若相應若不相應；不見四正斷、四神足、五根、五力、七等覺支、八聖道支，若相應若不相應；不見佛十力，若相應若不相應；不見四無所畏、四無礙解、大慈、大悲、大喜、大捨、十八佛不共法、一切智、道相智、一切相智，若相應若不相應。舍利子！修行般若波羅蜜多菩薩摩訶薩，與如是法相應故，應言與般若波羅蜜多相應。」

（《大正藏》第七冊十四頁上至十四頁中）

國家圖書館出版品預行編目資料

心的經典：心經新釋 / 聖嚴法師著. -- 三版. --
臺北市：法鼓文化, 2020.05
面；　公分
ISBN 978-957-598-843-2（平裝）

1. 般若部

221.45　　　　109002568

現代經典 2

心的經典——心經新釋

The Precious Heart: Commentaries on the Heart Sutra

著者　聖嚴法師
出版　法鼓文化
總審訂　釋果毅
總監　釋果賢
總編輯　陳重光
編輯　林蒨蓉、李書儀
封面設計　謝佳穎
內頁美編　小工
地址　臺北市北投區公館路一八六號五樓
電話　(02)2893-4646
傳真　(02)2896-0731
網址　http://www.ddc.com.tw
E-mail　market@ddc.com.tw
讀者服務專線　(02)2896-1600
初版一刷　二〇〇四年七月
三版三刷　二〇二三年十月
建議售價　新臺幣二二〇元
郵撥帳號　50013371
戶名　財團法人法鼓山文教基金會—法鼓文化
北美經銷處　紐約東初禪寺
Chan Meditation Center (New York, USA)
Tel: (718) 592-6593　E-mail:chancenter@gmail.com

本書如有缺頁、破損、裝訂錯誤，請寄回本社調換。
版權所有，請勿翻印。

法鼓文化